영어를 시작하는 학생을 위한 최고의 문법책

초등 영문법

이것만

LET'S LEARN GRAMMAR

하면 된다

Samantha Kim, Anne Kim 지음

1

동양북스

저자 Samantha Kim

뉴욕주립대 TESOL 석사.
현재 학부모와 영어교사들을 대상으로 교수법을 강의하고 있으며,
경험과 이론을 바탕으로 다양한 ELT 교재를 집필하고 있다.

저자 Anne Kim

한양대 교육학, 숙명여자대학교 TESOL 석사.
연령과 시기에 따라 필요한 영어교수법을 연구 중에 있으며,
그러한 노하우를 담아 집필활동과 강의를 하고 있다.

초등 영문법 이것만 하면 된다 ①

초판 1쇄 인쇄 | 2021년 6월 1일
초판 1쇄 발행 | 2021년 6월 11일

지은이 | Samantha Kim, Anne Kim
발행인 | 김태웅
책임편집 | 황준
디자인 | MOON-C design
마케팅 | 나재승
제 작 | 현대순

발행처 | (주)동양북스
등 록 | 제 2014-000055호
주 소 | 서울시 마포구 동교로 22길 14 (04030)
구입 문의 | 전화 (02)337-1737팩스 (02)334-6624
내용 문의 | 전화 (02)337-1763dybooks2@gmail.com

ISBN 979-11-5768-708-4 (64740)
      979-11-5768-707-7 (세트)

머리말

영문법 꼭 해야 할까요?

단어를 많이 알고 있어도 문장을 만들지 못한다면 마치 구슬은 많은 데 줄이 없어 꿰지 못해 목걸이를 만들 수 없는 것과 같습니다. 문법은 단어를 조합해 다른 사람들이 알아들을 수 있도록 의미를 만들어 줍니다. 문장을 만들 줄 아는 능력이 영어 능력을 좌우합니다.

정확성이 꼭 필요할까요?

영어에서 유창성Fluency 만큼 중요한 것이 정확성Accuracy 입니다. 유창하게 말하지만 계속 틀린 문장을 말하고 있다면 영어를 잘한다고 할 수 없겠죠. 특히 기초를 넘어 중급을 향해가는 레벨이라고 하면 더더군다나 정확하게 문장을 쓰고 말하는 능력이 필요합니다. 리딩을 통해 문장을 익혀도 왜 그렇게 써야 하는지 체크하려면 문법을 배워야 합니다.

문법을 배우고 나면 무엇이 나아질까요?

라이팅과 스피킹에 큰 도움이 됩니다. 한 단어로 대답하는 것을 넘어 문장으로 말을 하려면 문법을 통해 문장을 만드는 법을 익혀야 합니다. 집을 지을 때 철근을 넣어 뼈대를 잡는 것과 같이 영어 말하기나 쓰기도 뼈대를 잡아 구조를 익히는 작업이 필요합니다. 영어의 기초를 튼튼히 해서 더 유창하고 정확하게 만들어 줍니다.

이것만 해도 될까요?

초등학생이 처음 문법을 시작할 때 알아야 할 기초적인 문법 사항과 개념들만 담았습니다. 이것만 시리즈로 공부하다보면 영어의 기초 문법들을 다 뗄 수 있습니다. 하루 한 유닛씩 재미있는 설명과 예문을 보며 문제를 풀다보면 어려운 문법도 이제 자신있어 질 거예요.

이 책의 구성과 활용법

가장 쉽고 재미있는 영문법 세계에 오신 것을 환영합니다!

이 시리즈는 초등학생이 꼭 알아야 할 영문법 내용을 모두 담았습니다. 처음 영문법을 접하는 학생들이 어려워하는 영문법 개념을 스토리식으로 설명하여 영문법을 쉽고 재미있게 배울 수 있습니다. 하루 20분이면 영문법에 자신감이 생길 거예요.

01 읽으면서 이해한다

쉽게 만화로 설명된 영문법 개념을 읽으면서 이해합니다.

더보기

만화를 읽고 나서 더보기를 읽으면서 해당 영문법에서 꼭 알아야 할 내용이나 추가 팁을 배웁니다.

02 정리하며 외운다

알아야 할 영문법 내용을 오거나이저로 정리했습니다. 이 과에서 꼭 알아야 할 핵심 내용입니다. 여러 번 소리 내서 읽으면서 익숙하게 만듭니다.

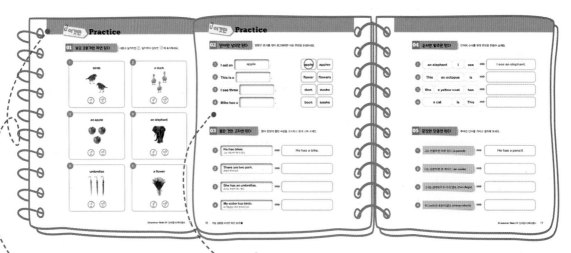

03 이것만 Practice

해당 과에서 꼭 알아야 할 영문법 내용을 문제를 통해 확인합니다. A에서는 사진이나 그림으로 된 문제를 풀면서 영문법을 연습할 수 있습니다.

B~D까지는 4가지 유형의 문제를 풀면서 영문법 개념을 익히는 것은 물론 서술형 쓰기까지 대비할 수 있도록 구성했습니다.

Review와 Final Test

영문법 개념을 이해 한 후 충분히 반복하여 연습할 수 있도록
Review와 Final Test를 수록했습니다.

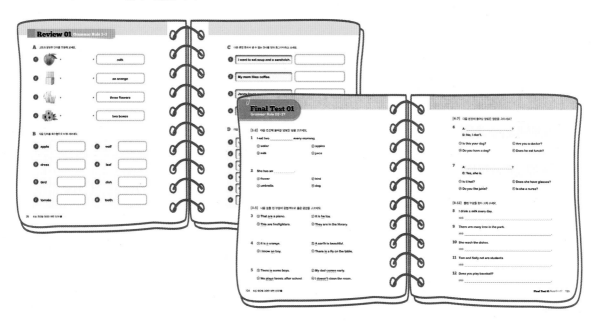

특별부록

서술형 쓰기 대비 문장쓰기 노트

각 과마다 해당 문법이 적용된 5문장씩 쓰는 연습을 통해 서술형 쓰기를 대비할 수 있도록 했습니다.

명사의 불규칙 복수형

헷갈리는 명사의 불규칙 복수형을 그림을 통해 쉽게 익힐 수 있습니다.

그래머 보드게임

재미있는 게임을 통해 영문법 개념을 재미있게 익힐 수 있습니다.

정답

본문 정답과 서술형 쓰기 대비 문장쓰기 노트 정답

책 속에 정답을 수록하여 편리하게 정답을 확인할 수 있습니다.

목 차

머리말		2
이 책의 구성과 활용법		4
Grammar Map of Book 1		8
Preview ❶ 문장성분		10
❷ 8품사		11
캐릭터 소개		12

Grammar Rule 01	단수명사/복수명사	14
Grammar Rule 02	여러 가지 형태의 복수명사	18
Grammar Rule 03	셀 수 없는 명사	22
Review 01		26

Grammar Rule 04	주격 인칭대명사	28
Grammar Rule 05	목적격 인칭대명사	32
Grammar Rule 06	지시대명사	36
Grammar Rule 07	소유격	40
Grammar Rule 08	소유대명사	44
Grammar Rule 09	부정관사/정관사	48
Review 02		52

Grammar Rule 10	be동사 현재형	54
Grammar Rule 11	be동사 부정문	58
Grammar Rule 12	be동사 의문문	62
Grammar Rule 13	There is ~/There are ~	66
Review 03		70

Grammar Rule 14	일반동사 현재형	72
Grammar Rule 15	일반동사 현재형의 3인칭 단수형	76
Grammar Rule 16	일반동사 부정문	80
Grammar Rule 17	일반동사 의문문	84

Review 04   88

Grammar Rule 18   조동사 can   90
Grammar Rule 19   조동사 can 부정문   94
Grammar Rule 20   조동사 can 의문문   98
Grammar Rule 21   조동사 may   102
Grammar Rule 22   조동사 may 부정문   106
Grammar Rule 23   조동사 may 의문문   110
Grammar Rule 24   조동사 must   114
Grammar Rule 25   조동사 must 부정문   118
Grammar Rule 26   조동사 have to   122
Review 05   126

Grammar Rule 27   조동사 should   128
Grammar Rule 28   조동사 should 부정문   132
Grammar Rule 29   조동사 should 의문문   136
Grammar Rule 30   조동사 will   140
Grammar Rule 31   조동사 will 부정문   144
Grammar Rule 32   조동사 will 의문문   148
Review 06   152

Final Test 01 (Unit 01-17)   154
Final Test 02 (Unit 18-32)   156

특별 부록
서술형 쓰기 대비 문장쓰기 노트   158
명사의 불규칙 복수형   170
Grammar Board Game   172
정답   175

GRAMMAR MAP of Book 1

명사	01 단수명사/복수명사	a flower / flowers
	02 여러 가지 형태의 복수명사	boxes / candies / leaves
	03 셀 수 없는 명사	milk / love / peace

대명사	04 주격 인칭대명사	I, we, you, she, he, it, they
	05 목적격 인칭대명사	me, us, you, her, him, it, them
	06 지시대명사	this, these, that, those, it, they
	07 소유격	my, our, you, her, his, its, their
	08 소유대명사	mine, ours, yours, hers, his, its, theirs
	09 부정관사 / 정관사	a, an, the

be동사	10 be동사 현재형	I am Anne.
	11 be동사 현재형	I'm not sleepy.
	12 be동사 현재형	Are you happy?
	13 There is / There are	There is an ant.

일반동사	14 일반동사 현재형	I like chicken.
	15 일반동사 현재형의 3인칭 단수형	He does his homework.
	16 일반동사 부정문	I do not study math.
	17 일반동사 의문문	Do you like broccoli?

조동사

18 조동사 can	I can play the guitar.
19 조동사 can 부정문	Sam cannot play the violin.
20 조동사 can 의문문	Can you ride a bike?
21 조동사 may	They may leave now.
22 조동사 may 부정문	He may not borrow this pen.
23 조동사 may 의문문	May I have your order?
24 조동사 must	I must study hard.
25 조동사 must 부정문	You must not tell a lie.
26 조동사 have to	I have to take that plane.
27 조동사 should	I should wear sunglasses.
28 조동사 should 부정문	We should not eat fast food.
29 조동사 should 의문문	Should I close the door?
30 조동사 will	I will have a party tomorrow.
31 조동사 will 부정문	We won't take a train.
32 조동사 will 의문문	Will you help me?

Preview ❶ 문장성분

영어 단어는 어디 위치하느냐에 따라 문장에서 맡은 역할이 있어요.
맨 앞에 오면 주어, 주어 다음에 오면 동사가 됩니다.
문장에서 단어가 하는 역할에 대해 알아볼까요?

주어	의미	문장에서 동작의 주인공이 누구인지 말해요. 명령문을 제외하고 보통 문장의 맨 앞에 나와요. 주어는 보통 '은/는/이/가'로 끝나요.
	예문	**Tom likes to eat pizza.** 톰은 피자 먹는 것을 좋아해요. **His favorite food is pizza.** 그가 가장 좋아하는 음식은 피자에요.
동사	의미	문장에서 동작이나 행동을 말해요. 보통 '~다'로 끝나고 주어 다음에 나와요.
	예문	**Jenny takes a walk every Sunday.** 제니는 매주 일요일 산책을 해요. **I love to play soccer.** 나는 축구를 너무 좋아해요.
목적어	의미	동사가 나타내는 행위의 대상을 말해요. 보통 동사 다음에 나오고 '~을/를'로 끝나요.
	예문	**I ate lunch at 1 o'clock.** 나는 1시에 점심을 먹었다. **She gave a doll to me.** 그녀는 나에게 인형을 주었다.
주격 보어	의미	보어는 보충해서 설명해주는 말이에요. 주어를 보충해주는 말은 주격보어라고 해요.
	예문	**She is a nurse.** 그녀는 간호사예요. (she = nurse) **She is kind.** 그녀는 친절해요. (she = kind)
목적격 보어	의미	보어는 보충해서 설명해주는 말이에요. 목적어를 보충해주는 말은 목적격보어라고 해요.
	예문	**He calls me my princess.** 그는 나를 나의 공주님이라고 불러요. (me = my princess)

② 8품사

영어의 단어는 문장 안에서 각자 하는 일이 있어요.
단어의 역할에 따라 이름을 붙인 것이 바로 8품사예요.
8품사에는 어떤 것들이 있는지 알아볼까요?

	의미	예시
명사	사람, 동물 등의 이름을 나타내요.	**Jenny** 제니, **cat** 고양이, **sofa** 소파
대명사	명사를 대신해서 사용해요.	**I** 나, **you** 너, **she** 그녀, **it** 그것, **we** 우리
형용사	명사를 좀 더 자세히 설명해요.	**happy** 행복한, **rainy** 비가 오는, **short** 짧은
부사	형용사나 동사를 자세히 설명해요.	**very** 매우, **too** 너무, **so** 아주
동사	사람이나 사물의 동작을 나타내요.	**play** 놀다, **run** 달리다, **stand** 서 있다
전치사	대명사 앞에서 다른 단어와의 관계를 표시해요.	**in** ~안에, **on** ~위에, **under** ~아래에
접속사	단어와 단어, 문장과 문장을 연결해요.	**and** 그리고, **but** 그러나, **or** 혹은
감탄사	말하는 사람의 놀람, 감탄을 표현해요.	**Wow! Oh!**

캐릭터 소개

피기 Piggy

영어 초보 학생. 영어를 잘하고 싶지만 아직 모르는 게 많다. 친한 친구인 캐티에게 항상 영어로 질문하며 영어배우기에 열심인 친구.

캐티 Catty

어렸을 때 미국에서 살았던 적이 있어서 영어를 잘한다. 친한 친구인 피기와 언젠가 외국여행을 함께 하고 싶어서 영어를 열심히 가르쳐준다.

도기 Doggy

영어를 배울 생각이 없었지만 버니를 친구로 만나고 나서 영어에 관심이 생겼다. 영어 수업 시간에 어떻게든 놀려고 하지만 버니 때문에라도 영어 공부를 하게 된다.

버니 Bunny

영어를 좋아해서 열심히 공부하는 우등생 친구. 공부를 안 하려고 하는 도기를 선생님 처럼 달래가며 영어 공부를 시키고 있는 열정적인 친구.

초등 영문법 이것만 하면 된다

지시대명사

인칭대명사

대명사

소유대명사

소유격

조동사

There is

be동사

정관사

부정관사

일반동사

단수명사/복수명사

01 읽으면서 이해한다

더보기
- 단수명사일 때는 단어 앞에 a를 씁니다. 단, 첫소리가 모음(a, e, i, o, u)으로 시작하는 명사일 경우 an을 써야 합니다. Ex) a dog(개 한 마리), an apple(사과 한 개), an hour(한 시간)
- 복수명사일 때는 단어 뒤에 -s를 붙이면 됩니다.

02 정리하며 외운다

단수명사 (a/an + 명사)		복수명사 (명사 + -s)	
a flower	꽃 한 송이	**flowers**	꽃 여러 송이
a bird	새 한 마리	**birds**	새 여러 마리
a duck	오리 한 마리	**ducks**	오리 여러 마리
an apple	사과 한 개	**apples**	사과 여러 개
an elephant	코끼리 한 마리	**elephants**	코끼리 여러 마리
an umbrella	우산 한 개	**umbrellas**	우산 여러 개

01 보고 고르기만 하면 된다
내용과 일치하면 😊, 일치하지 않으면 😣 에 표시하세요.

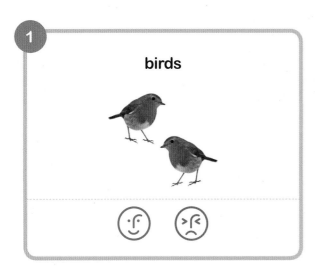

1 birds

😊 😣

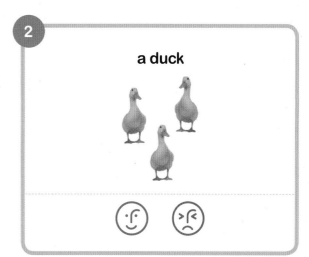

2 a duck

😊 😣

3 an apple

😊 😣

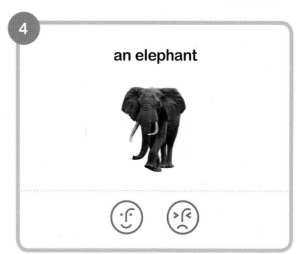

4 an elephant

😊 😣

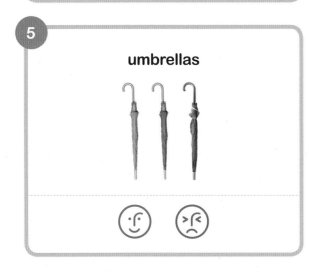

5 umbrellas

😊 😣

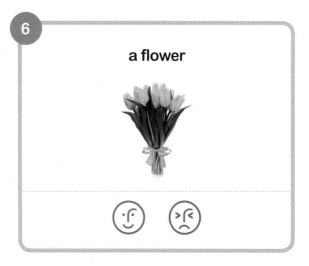

6 a flower

😊 😣

02 단어만 넣으면 된다

알맞은 명사를 찾아 동그라미한 다음 문장을 완성하세요.

1 I eat an [apple] .

2 This is a [ ] .

3 I see three [ ] .

4 Mike has a [ ] .

(apple) | apples

flower | flowers

duck | ducks

book | books

03 틀린 것만 고치면 된다

영어 문장의 틀린 부분을 표시하고 맞게 고쳐 쓰세요.

1 **He has bikes.**
그는 자전거가 한 대 있다. ➡ **He has a bike.**

2 **There are two park.**
공원이 두개 있다. ➡ [ ]

3 **She has an umbrellas.**
그녀는 우산이 하나 있다. ➡ [ ]

4 **My sister has birds.**
내 여동생은 새가 한 마리 있다. ➡ [ ]

순서만 맞추면 된다　단어의 순서를 맞춰 문장을 만들어 보세요.

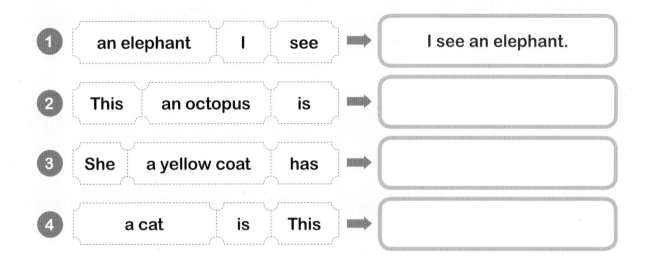

1　an elephant ｜ I ｜ see ➡ I see an elephant.

2　This ｜ an octopus ｜ is ➡

3　She ｜ a yellow coat ｜ has ➡

4　a cat ｜ is ｜ This ➡

05 **문장만 만들면 된다**　주어진 단어를 가지고 영작해 보세요.

1　그는 연필이 한 자루 있다. (a pencil) ➡ He has a pencil.

2　나는 삼촌이 한 분 계시다. (an uncle) ➡

3　그녀는 강아지가 두 마리 있다. (two dogs) ➡

4　잭 (Jack)은 로봇이 많다. (many robots) ➡

여러 가지 형태의 복수명사

> **더보기**
> • -s, -x, -o, -sh, -ch로 끝나는 명사는 -es, -y로 끝나는 명사는 -ies, -f로 끝나는 명사는 -ves를 붙입니다.
> • 이 외에도 child(아이) - children처럼 아예 모양이 바뀌는 불규칙 복수명사도 있어요.
> Ex) tooth (이) - teeth, foot (발) - feet, mouse (쥐)- mice

-es로 끝나는 명사		-ies로 끝나는 명사		-ves로 끝나는 명사	
단수	복수	단수	복수	단수	복수
dress 드레스	**dresses**	**baby** 아기	**babies**	**wolf** 늑대	**wolves**
box 상자	**boxes**	**candy** 사탕	**candies**	**leaf** 나뭇잎	**leaves**
tomato 토마토	**tomatoes**	**fly** 파리	**flies**	**elf** 요정	**elves**
dish 접시	**dishes**				
bench 긴 의자	**benches**				

01 보고 고르기만 하면 된다   그림에 알맞은 복수명사를 고르세요.

1

- ☐ boxs
- ☐ boxes
- ☐ boxies

2

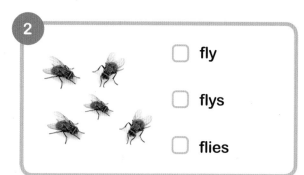

- ☐ fly
- ☐ flys
- ☐ flies

3

- ☐ elfs
- ☐ elfes
- ☐ elves

4

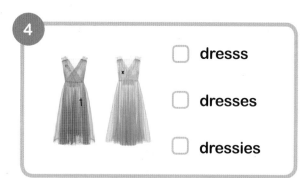

- ☐ dresss
- ☐ dresses
- ☐ dressies

5

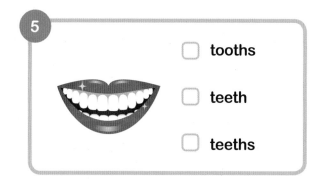

- ☐ tooths
- ☐ teeth
- ☐ teeths

6

- ☐ tomatos
- ☐ tomatoes
- ☐ tomatoies

7

- ☐ candys
- ☐ candies
- ☐ candyies

8

- ☐ foxs
- ☐ foxes
- ☐ foxies

이것만 Practice

02 단어만 넣으면 된다

알맞은 복수명사를 찾아 동그라미한 다음 문장을 완성하세요.

1 I have two [   ].

2 Bill likes [   ].

3 There are many [   ].

4 She has three [   ].

boxes	boxs
candys	candies
leaves	leafs
dressis	dresses

03 틀린 것만 고치면 된다

영어 문장의 틀린 부분을 표시하고 맞게 고쳐 쓰세요.

1 **She washes the dishs.**
그녀는 설거지를 해요.
→ [   ]

2 **I want five cherry.**
나는 체리 다섯 개를 원해요.
→ [   ]

3 **There are many fly on the bread.**
많은 파리들이 빵 위에 있어요.
→ [   ]

4 **Jenny has two tomatos.**
제니는 토마토가 두 개 있어요.
→ [   ]

순서만 맞추면 된다   단어의 순서를 맞춰 문장을 만들어 보세요.

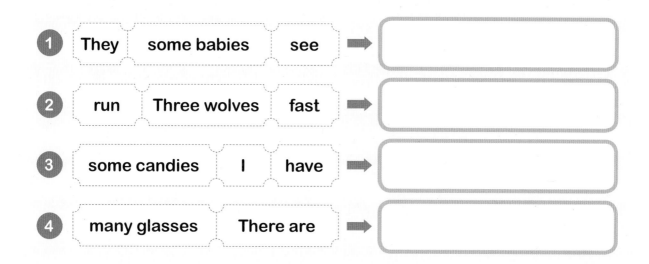

1 They some babies see ➡

2 run Three wolves fast ➡

3 some candies I have ➡

4 many glasses There are ➡

05 문장만 만들면 된다   주어진 단어를 가지고 영작해 보세요.

1 그는 버스 세 대를 가지고 있어요. (three buses) ➡

2 여우들은 빨리 뛰어요. (foxes) ➡

3 그녀는 세 명의 요정을 봐요. (three elves) ➡

4 늑대 다섯 마리가 있어요. (five wolves) ➡

셀 수 없는 명사

01 읽으면서 이해한다

> I drink a milk every day!

> 나도 우유 좋아하는데.

> 근데 우유는 '셀 수 없는 명사'라서 a/an이나 -s와 같이 쓰지 않아.

> 셀 수 없는 명사가 뭐야?

> 셀 수 없는 명사는 우유처럼 일정한 모양이나 형태가 없는 액체나 음식같은 거야. 그래서 drink milk라고 해야 해.

> 또 '사람 이름'처럼 세상에 하나뿐인 명사나 '사랑'처럼 눈으로 볼 수 없는 명사도 셀 수 없는 명사니까 함께 알아두자고!

더보기 일정한 형태가 없는 '물질명사', 세상에 하나뿐인 이름인 '고유명사', 눈으로 볼 수 없는 '추상명사'들은 셀 수 없는 명사예요. 셀 수 없는 명사는 복수형이 없기 때문에 be동사는 항상 is를 써요.

02 정리하며 외운다

물질명사	고유명사 (첫 글자는 항상 대문자로 씁니다.)	추상명사
milk 우유	Korea 한국	love 사랑
juice 주스	Jennifer 제니퍼	music 음악
rice 쌀	London 런던	peace 평화

Practice

01 보고 고르기만 하면 된다

셀 수 있는 명사는 C, 셀 수 없는 명사는 U라고 표시하세요.

1

U

milk

2

music

3

flower

4

apple

5

juice

6

love

7

London

8

Korea

9

wolf

02 단어만 넣으면 된다

알맞은 명사를 찾아 동그라미한 다음 문장을 완성하세요.

1 She lives in [　　　　　].

2 I listen to [　　　　　].

3 I drink [　　　　　].

4 There is [　　　　　].

seoul	Seoul
music	a music
juices	juice
cheese	a cheese

03 틀린 것만 고치면 된다

영어 문장의 틀린 부분을 표시하고 맞게 고쳐 쓰세요.

1 **I eat breads for dinner.**
나는 저녁으로 빵을 먹어요.
➡ [　　　　　]

2 **Peter loves a peace.**
피터는 평화를 사랑해요.
➡ [　　　　　]

3 **Eric needs coffees.**
에릭은 커피가 필요해요.
➡ [　　　　　]

4 **She wants a water.**
그녀는 물을 원해요.
➡ [　　　　　]

5 **A cheese is delicious.**
치즈는 맛있어요.
➡ [　　　　　]

04 순서만 맞추면 된다

단어의 순서를 맞춰 문장을 만들어 보세요.

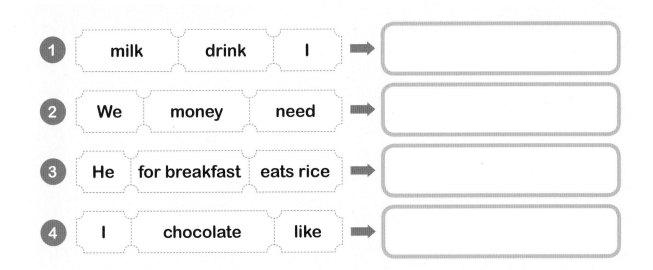

1 milk　drink　I ➡

2 We　money　need ➡

3 He　for breakfast　eats rice ➡

4 I　chocolate　like ➡

05 문장만 만들면 된다

주어진 단어를 가지고 영작해 보세요.

1 나는 주스를 원해요. (juice) ➡

2 그녀는 설탕이 필요해요. (sugar) ➡

3 그는 버터를 좋아해요 . (butter) ➡

4 그들은 점심으로 수프를 먹어요. (soup) ➡

A 그림과 알맞은 단어를 연결해 보세요.

1 ●   ● milk

2 ●   ● an orange

3 ●   ● three flowers

4 ●   ● two boxes

B 다음 단어를 복수형으로 바꿔 써보세요.

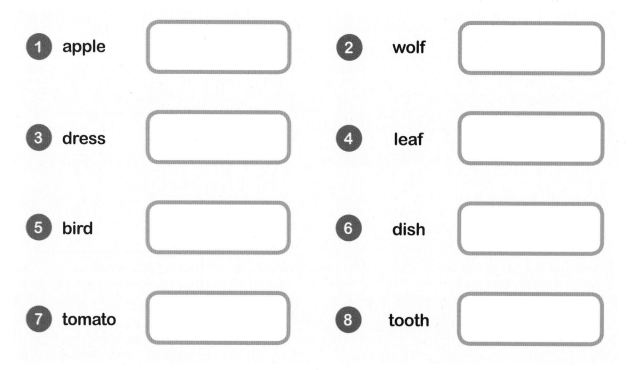

1 apple   2 wolf

3 dress   4 leaf

5 bird   6 dish

7 tomato   8 tooth

C 다음 문장 중에서 셀 수 없는 명사를 찾아 동그라미하고 쓰세요.

1 I want to eat soup and a sandwich.

2 My mom likes coffee.

3 Jenny loves peace.

4 There is cheese on the table.

D 다음 문장에 알맞은 단어를 넣어 완성해 보세요.

1 나는 오리 한 마리를 보아요. ➡ I see a _____ .

2 그는 버스 두 대를 갖고 있어요. ➡ He has two _____ .

3 이것은 코끼리예요. ➡ This is an _____ .

4 색색의 나뭇잎을 보세요! ➡ Look at the colorful _____ !

5 두 명의 아기가 있어요. ➡ There are two _____ .

6 그녀는 버터가 필요해요. ➡ She needs _____ .

주격 인칭대명사

01 읽으면서 이해한다

더보기
• I (나는)은 1인칭, you (너는)은 2인칭이고 1, 2인칭을 제외한 he, she, they는 3인칭이라고 부릅니다.
• 사람이 아닌 사물은 it(그것)과 같은 지시대명사를 사용해 가리킵니다.

02 정리하며 외운다

	단수	복수
1인칭	I (나는)	we (우리는)
2인칭	you (너는)	you (너희들은)
3인칭	she (그녀는), he (그는), it (그것은)	they (그들은/그것들은)

01 보고 고르기만 하면 된다

주격 대명사로 쓰인 단어의 알맞은 해석을 고르세요.

1

you

- [ ] 너의
- [ ] 너의 것
- [ ] 너는

2

they

- [ ] 그들은
- [ ] 그들을
- [ ] 그들의 것

3

she

- [ ] 그는
- [ ] 그를
- [ ] 그녀는

4

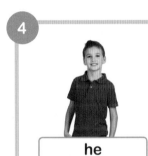

he

- [ ] 그의
- [ ] 그는
- [ ] 그녀는

5

I

- [ ] 그것은
- [ ] 나는
- [ ] 나의

6

you

- [ ] 너희들은
- [ ] 너의
- [ ] 그를

7

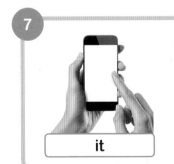

it

- [ ] 그것들은
- [ ] 그것은
- [ ] 그는

8

we

- [ ] 너희들은
- [ ] 우리들을
- [ ] 우리들은

02 단어만 넣으면 된다

알맞은 인칭대명사를 찾아 동그라미한 다음 문장을 완성하세요.

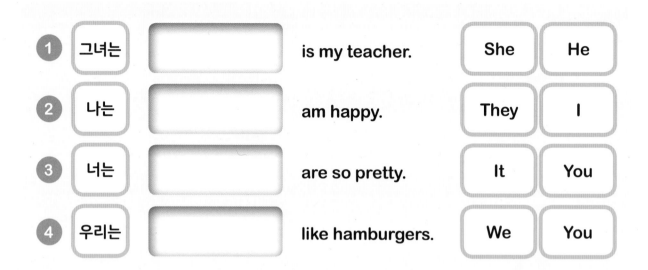

1 그녀는 [　　　　] is my teacher.　　She　He
2 나는 [　　　　] am happy.　　They　I
3 너는 [　　　　] are so pretty.　　It　You
4 우리는 [　　　　] like hamburgers.　　We　You

03 틀린 것만 고치면 된다

영어 문장의 틀린 부분을 표시하고 맞게 고쳐 쓰세요.

1 **She has a red pen.**
그는 빨간펜이 있다.
➡ [　　　　　　　　]

2 **You am so angry.**
나는 너무 화가 나.
➡ [　　　　　　　　]

3 **She is your hat.**
그것은 너의 모자야.
➡ [　　　　　　　　]

4 **I are my friends.**
너희들은 나의 친구들이야.
➡ [　　　　　　　　]

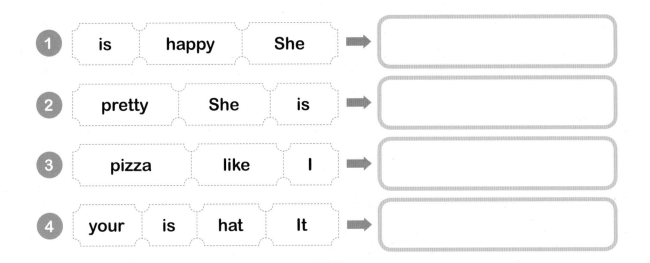

04 순서만 맞추면 된다

단어의 순서를 맞춰 문장을 만들어 보세요.

1   is   happy   She   ➡

2   pretty   She   is   ➡

3   pizza   like   I   ➡

4   your   is   hat   It   ➡

05 문장만 만들면 된다

주어진 단어를 가지고 영작해 보세요.

1   그녀는 나의 엄마예요. (my mother)   ➡

2   그는 나의 학생이예요. (student)   ➡

3   나는 파란 펜이 있어. (blue pen)   ➡

4   당신은 정말 아름다워요. (so beautiful)   ➡

목적격 인칭대명사

01 읽으면서 이해한다

더보기 동사 다음에 나오는 목적어가 인칭대명사일 때는 인칭대명사 목적격을 사용해서 표현해야 합니다.

02 정리하며 외운다

	목적격 단수	목적격 복수
1인칭	me (나를)	us (우리를)
2인칭	you (너를)	you (너희들을)
3인칭	her (그녀를), him (그를), it (그것을)	them (그들을/그것들을)

01 보고 고르기만 하면 된다

각 단어에 알맞은 해석을 고르세요.

1

- ☐ 너의
- ☐ 너를
- ☐ 우리들을

you

2

- ☐ 그들은
- ☐ 그들을
- ☐ 그들의 것

them

3
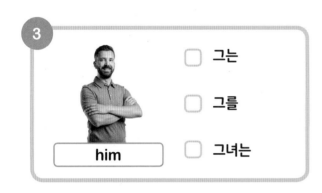
- ☐ 그는
- ☐ 그를
- ☐ 그녀는

him

4

- ☐ 그것의
- ☐ 그것을
- ☐ 그들을

it

5

- ☐ 우리를
- ☐ 우리의
- ☐ 우리는

us

6
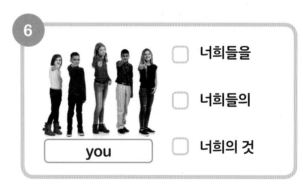
- ☐ 너희들을
- ☐ 너희들의
- ☐ 너희의 것

you

7

- ☐ 그녀는
- ☐ 그녀를
- ☐ 그는

her

8

- ☐ 나를
- ☐ 너의
- ☐ 나는

me

이것만 Practice

02 단어만 넣으면 된다
알맞은 인칭대명사를 찾아 동그라미한 다음 문장을 완성하세요.

① 나를   My mom loves ⬚ .   him   me

② 그녀를   Kate misses ⬚ .   you   her

③ 그들을   My sister likes ⬚ .   them   it

④ 너희들을   He helps ⬚ .   us   you

03 틀린 것만 고치면 된다
영어 문장의 틀린 부분을 표시하고 맞게 고쳐 쓰세요.

① **My friend likes I.**
내 친구는 나를 좋아해. ➡ ⬚

② **Do you miss she?**
너는 그녀를 그리워하니? ➡ ⬚

③ **I can't find your.**
나는 너를 찾을 수 없다. ➡ ⬚

④ **You love he.**
너는 그를 사랑해. ➡ ⬚

⑤ **I know they.**
나는 그들을 알아. ➡ ⬚

04 순서만 맞추면 된다

단어의 순서를 맞춰 문장을 만들어 보세요.

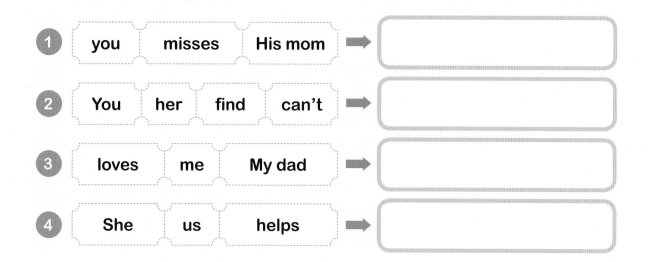

1　you　misses　His mom　➡

2　You　her　find　can't　➡

3　loves　me　My dad　➡

4　She　us　helps　➡

05 문장만 만들면 된다

주어진 단어를 가지고 영작해 보세요.

1　그는 우리를 안다. (know)　➡

2　우리 할머니는 나를 사랑한다. (grandma)　➡

3　할아버지는 그녀를 그리워한다. (grandpa)　➡

4　경찰은 그를 찾을 수 없다. (the police)　➡

지시대명사

01 읽으면서 이해한다

더보기 • 앞에서 이야기했던 것을 다시 가리킬 때는 it (그것)을 사용해서 말합니다.
• this/that은 사물 외에도 사람을 가리킬 때 사용되며, '이 사람/저 사람'이란 뜻도 있어요.

02 정리하며 외운다

	가까이 있는 물건/사람	멀리있는 물건/사람	다시 가리킬 때
단수	**this** (이것/이 사람)	**that** (저것/저 사람)	**it** (그것)
복수	**these** (이것들/이 사람들)	**those** (저것들/저 사람들)	**they** (그것들)

Practice

01 보고 고르기만 하면 된다   내용과 일치하면 ☺, 일치하지 않으면 ☹ 에 표시하세요.

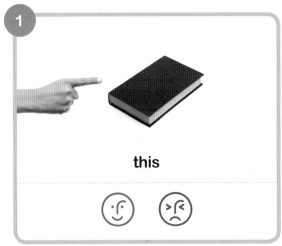

1

this

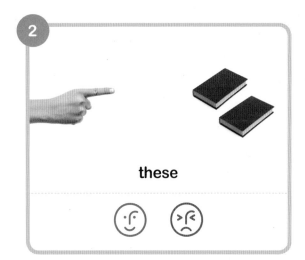

2

these

3

that

4

those

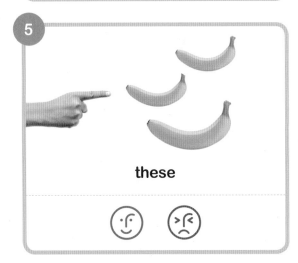

5

these

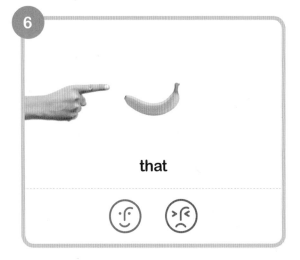

6

that

02 단어만 넣으면 된다

알맞은 지시대명사를 찾아 동그라미한 다음 문장을 완성하세요.

1 이 사람 [   ] is my friend.　[this] [that]

2 그것들은 [   ] are tigers.　[they] [these]

3 이것들을 I like [   ] .　[that] [these]

4 저것들은 [   ] are pineapples.　[those] [that]

03 틀린 것만 고치면 된다

영어 문장의 틀린 부분을 표시하고 맞게 고쳐 쓰세요.

1 **That is a piano.**
이것은 피아노이다. ➡ [   ]

2 **This are firefighters.**
저 사람들은 소방관이다. ➡ [   ]

3 **These are horses.**
저것들은 말이야. ➡ [   ]

4 **They is yellow.**
저것은 노랑색이야. ➡ [   ]

1 red   It   is   ➡

2 my gloves   These   are   ➡

3 like   that   I   ➡

4 a fish   is   This   ➡

05 **문장만 만들면 된다**   주어진 단어를 가지고 영작해 보세요.

1 저것은 오렌지야. (orange)   ➡

2 그것들은 연필이야. (pencils)   ➡

3 저것들은 노란 풍선이야. (balloons)   ➡

4 저것은 곰인형이야. (teddy bear)   ➡

이것만

소유격

01 읽으면서 이해한다

더보기 소유격은 사물이 누군가의 것임을 나타내는 데 사용하고 명사랑 같이 씁니다. 인칭대명사의 주격, 목적격과 함께 외워두는 것이 좋아요.

02 정리하며 외운다

소유격	단수	복수
1인칭	**my** (나의)	**our** (우리의)
2인칭	**your** (너의)	**your** (너희들의)
3인칭	**her** (그녀의), **his** (그의), **its** (그것의)	**their** (그들의/그것들의)

우리아이 학습공백이 생겼나?

가장 쉬운 초등
시리즈가
찾아드립니다!

📖 **동양북스** 문의 02-337-1737 ㅣ 팩스 02-334-6624
www.dongyangbooks.com

세상에서 제일 쉬운
엄마표 생활영어

유아에서 초등까지 내 아이를 위한
하루 10분 기적의 영어
12500원

세상에서 제일 쉬운
엄마표 영어놀이

오늘도 까르르! 내일도 깔깔!
놀다 보면 영어가 터지는 하루 10분의 기적
13500원

창의쑥쑥 환이맘의
엄마표 놀이육아

오감발달 미술놀이에서 두뇌발달 과학놀이까지
창의폭발 아이주도 놀이백과
14500원

신과람쌤의
엄마표 과학놀이

유아부터 초등까지
진짜 진짜 신기한 과학실험
15500원

아이가 좋아하는
가장 쉬운 그림그리기

그림에 소질없는 엄마 아빠도
선과 도형만으로 진짜 쉽게 그리는 방법!
13000원

준비물이 필요 없는
생활 속 수학 레시피 36

일상 곳곳에서 수 감각을 일깨우는
생활 밀착형 수학 트레이닝
13500원

01 보고 고르기만 하면 된다

각 단어에 알맞은 해석을 고르세요.

1

- ☐ 너의
- ☐ 너희들은
- ☐ 너희들을

your

2

- ☐ 나는
- ☐ 나의
- ☐ 그들의 것

my

3

- ☐ 그의
- ☐ 그녀는
- ☐ 그녀의

her

4

- ☐ 우리는
- ☐ 우리의
- ☐ 우리의 것

our

5

- ☐ 그들을
- ☐ 그들의
- ☐ 그들의 것

their

6

- ☐ 그의
- ☐ 그는
- ☐ 그를

his

7

- ☐ 그것의
- ☐ 그것을
- ☐ 그것은

its

8

- ☐ 너희들의
- ☐ 너희들은
- ☐ 너희를

your

이것만 Practice

02 단어만 넣으면 된다

알맞은 소유격을 찾아 동그라미한 다음 문장을 완성하세요.

1 우리의 That is [   ] school.   your   our

2 그녀의 [   ] hands are big.   his   her

3 나의 It is [   ] toy.   my   its

4 그의 Sean is [   ] name.   his   their

03 틀린 것만 고치면 된다

영어 문장의 틀린 부분을 표시하고 맞게 고쳐 쓰세요.

1 **She likes his dog.**
그녀는 너의 강아지를 좋아해.   → [   ]

2 **Their bag is heavy.**
내 가방은 무겁다.   → [   ]

3 **His car is so nice.**
그녀의 차는 정말 좋아.   → [   ]

4 **He knows our names.**
그는 그들의 이름을 안다.   → [   ]

04 순서만 맞추면 된다

단어의 순서를 맞춰 문장을 만들어 보세요.

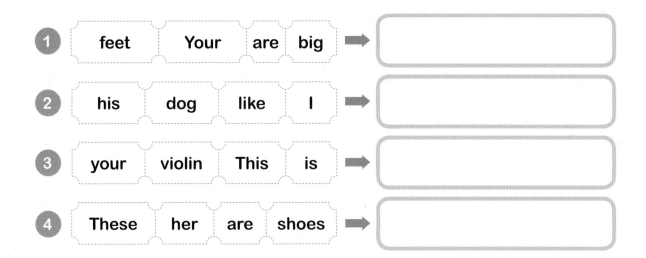

1 | feet | Your | are | big | ➡
2 | his | dog | like | I | ➡
3 | your | violin | This | is | ➡
4 | These | her | are | shoes | ➡

05 문장만 만들면 된다

주어진 단어를 가지고 영작해 보세요.

1 그녀의 드레스는 정말 예쁘다. (so pretty) ➡

2 그것은 너의 케이크야. (cake) ➡

3 이것들은 그들의 공이다. (ball) ➡

4 그녀의 물고기는 귀엽다. (cute) ➡

소유대명사

01 읽으면서 이해한다

더보기 '소유격+명사'를 합쳐서 소유대명사라고 합니다. 물건이 누구의 것인지를 표시할 때 사용합니다.

02 정리하며 외운다

소유대명사	단수	복수
1인칭	**mine** (나의 것)	**ours** (우리의 것)
2인칭	**yours** (너의 것)	**yours** (너희들의 것)
3인칭	**hers** (그녀의 것), **his** (그의 것), **its** (그것의 것)	**theirs** (그들의 것)

01 보고 고르기만 하면 된다

각 단어에 알맞은 소유대명사의 해석을 고르세요.

1

hers

- [ ] 그녀의
- [ ] 그녀의 것
- [ ] 그녀를

2

theirs

- [ ] 그들의
- [ ] 그들을
- [ ] 그들의 것

3

its

- [ ] 그것은
- [ ] 그것의 것
- [ ] 그것을

4
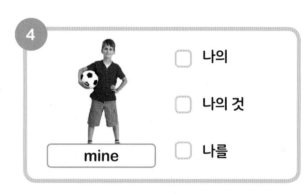

mine

- [ ] 나의
- [ ] 나의 것
- [ ] 나를

5
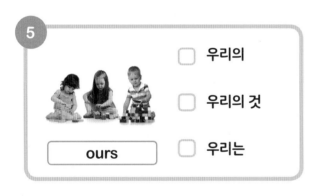

ours

- [ ] 우리의
- [ ] 우리의 것
- [ ] 우리는

6

his

- [ ] 그를
- [ ] 그는
- [ ] 그의 것

7

yours

- [ ] 너의
- [ ] 너희들의
- [ ] 너의 것

8

yours

- [ ] 너희들의 것
- [ ] 너희들은
- [ ] 너희들을

02 단어만 넣으면 된다

알맞은 소유대명사를 찾아 동그라미한 다음 문장을 완성하세요.

1 | 나의 것 | These are [   ]. | mine | yours

2 | 그녀의 것 | The T-shirt is [   ]. | her | hers

3 | 그들의 것 | Those gloves are [   ]. | theirs | this

4 | 너의 것 | That is [   ]. | his | yours

03 틀린 것만 고치면 된다

영어 문장의 틀린 부분을 표시하고 맞게 고쳐 쓰세요.

1 **This umbrella is your.**
이 우산은 너의 것이다. ➡ [   ]

2 **That notebook is his.**
저 노트북은 그녀의 것이다. ➡ [   ]

3 **These crayons are us.**
이 크레용들은 우리의 것이야. ➡ [   ]

4 **The doll is mine.**
그 인형은 그의 것이야. ➡ [   ]

04 순서만 맞추면 된다
단어의 순서를 맞춰 문장을 만들어 보세요.

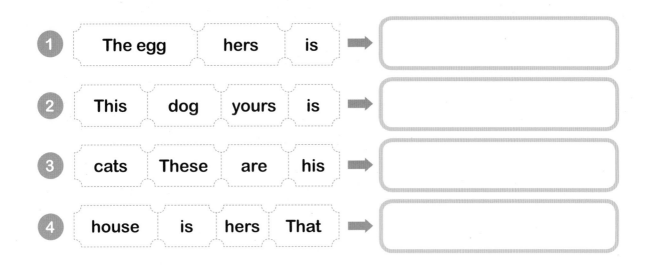

1 The egg   hers   is   ➡

2 This   dog   yours   is   ➡

3 cats   These   are   his   ➡

4 house   is   hers   That   ➡

05 문장만 만들면 된다
주어진 단어를 가지고 영작해 보세요.

1 이 시계는 그의 것이다. (watch)   ➡

2 저 의자들은 우리의 것이다. (chairs)   ➡

3 저 샌드위치는 나의 것이예요. (sandwich)   ➡

4 이 치마는 그녀의 것이다. (skirt)   ➡

부정관사/정관사

01 읽으면서 이해한다

> 오늘은 뭘 공부하고 있어?

> 부정관사, 정관사. 근데 무슨 말인지 모르겠어."

> 부정관사는 정해지지 않은 일반적인 것일 때 사용해. 자전거 한대를 영어로 해봐.

> a bike

> 근데 아빠가 선물해준 세상에 하나밖에 없는 자전거라면 '정관사 the'를 사용해야해.

> 그러면 the bike?

> 맞아. 아무것이나 하나일 때는 a, an을 쓰고 정해진 것일 때는 the!

> OK. 이제 확실히 알았어.

더보기
- 명사의 앞에 부정관사를 붙일 때 자음으로 시작하면 a를, 첫소리가 모음으로 시작하면 an을 붙입니다.
- 정관사는 세상에 하나 밖에 없는 것이나 특별한 것을 가리킬 때 사용해요.

02 정리하며 외운다

부정관사		정관사	
자음으로 시작하는 명사	**a bear** 곰 한마리	정해진 것	**A: Where is my hat?** 내 모자는 어디 있지? **B: The hat is in the box.** 그 모자는 상자 안에 있어요.
모음으로 시작하는 명사	**an orange** 오렌지 한 개		
	an umbrella 우산 한 개	세상에 하나밖에 없는 것	**the sun** 태양, **the moon** 달, **the sky** 하늘

이것만 **Practice**

01 보고 고르기만 하면 된다

알맞은 부정관사나 정관사에 표시하세요.

1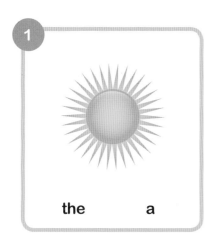

the   a

2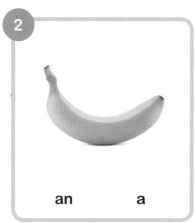

an   a

3 scooter

an   a

4

an   a

5

the   a

6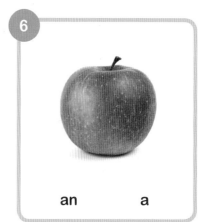

an   a

7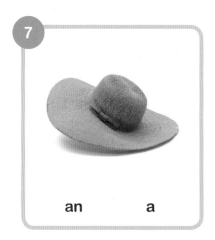

an   a

8

the   an

9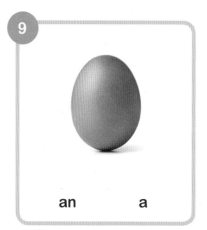

an   a

02 단어만 넣으면 된다

a/an/the 중에 알맞은 것에 동그라미한 다음 문장을 완성하세요.

1 I see [   ] moon. | a | the |

2 There is [   ] umbrella. | a | an |

3 [   ] sun is bright. | the | a |

4 It is [   ] egg. | a | an |

03 틀린 것만 고치면 된다

영어 문장의 틀린 부분을 표시하고 맞게 고쳐 쓰세요.

1 **There is a orange.**
오렌지가 한 개 있어요.
➡ [   ]

2 **I see an girl.**
나는 소녀를 본다.
➡ [   ]

3 **A earth is sick.**
지구가 아프다.
➡ [   ]

4 **Look! A sky is blue.**
봐! 하늘이 파랗다.
➡ [   ]

5 **It is an rabbit.**
그것은 한 마리 토끼이다.
➡ [   ]

순서만 맞추면 된다 단어의 순서를 맞춰 문장을 만들어 보세요.

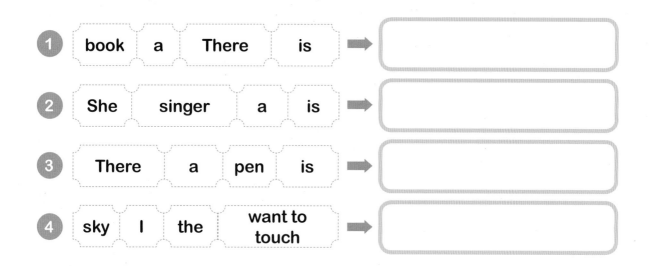

1 book · a · There · is ➡

2 She · singer · a · is ➡

3 There · a · pen · is ➡

4 sky · I · the · want to touch ➡

05 **문장만 만들면 된다** 주어진 단어를 가지고 영작해 보세요.

1 그는 의사예요. (doctor) ➡

2 지구는 푸르러요. (earth) ➡

3 그것은 보라색 우산이에요. (purple) ➡

4 저것은 오렌지예요. (orange) ➡

A 그림과 알맞은 단어를 연결해 보세요.

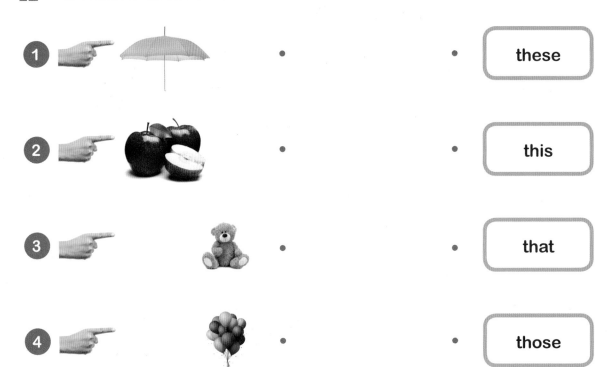

1 · · these

2 · · this

3 · · that

4 · · those

B 다음 단어를 지시대로 바꿔 써보세요.

1 I (목적격)

2 your (주격)

3 he (소유격)

4 her (소유대명사)

5 their (주격)

6 it (소유격)

7 you (목적격)

8 we (소유대명사)

C a/an/the 중에 알맞은 단어를 넣어 문장을 완성해 보세요.

1 A: What is this?   B: It's _____ orange.

2 A: Who is he?   B: He is _____ doctor.

3 A: Where is my umbrella?   B: _____ umbrella is on the table.

4 A: What do you want?   B: I want _____ apple.

D 다음 문장에 알맞은 단어를 넣어 완성해 보세요.

1 우리 엄마는 나를 사랑해요. ➡ My mom loves _____ .

2 이 공들은 그들의 것이다. ➡ _____ balls are theirs.

3 달이 정말 밝아요. ➡ _____ moon is very bright.

4 저것은 우리의 학교이다. ➡ That is _____ school.

5 저 사람들은 의사들이야. ➡ _____ are doctors.

6 나의 연필들은 어디 있니? ➡ Where are _____ pencils?

be동사 현재형

01 읽으면서 이해한다

'~이다, ~에 있다'라고 표현하고 싶을 때 be동사를 쓰는데 be동사는 주어에 따라 am, are, is로 변신을 해.

am
are
is

퀴즈로 시작해 보자. I 일 때는 어떤 be동사가 올까?

I am! I 하고 am은 단짝이야.

딩동댕! Good job! you 다음에는 are! we, they도 are을 써야 해!

마지막으로 is는 3인칭 단수 주어와 같이 쓰면 돼.

She is/He is/It is! 이렇게 말이지!

더보기 • I am은 I'm, You are는 You're, He/She is는 He's/She's로 줄여서 쓰기도 합니다.

02 정리하며 외운다

	be동사 현재형	
	단수	복수
1인칭	**I am Anne.** 나는 앤이야.	**We are friends.** 우리는 친구들이에요.
2인칭	**You are tall.** 너는 키가 커.	**You are firefighters.** 여러분은 소방관입니다.
3인칭	**She is at home.** 그녀는 집에 있어. **It is soft.** 그것은 부드러워.	**They are in the classroom.** 그들은 교실에 있어요.

01 보고 고르기만 하면 된다

그림을 보고 내용과 상황에 적절한 말이면 O, 적절하지 않으면 X에 표시하세요.

1 I am Jennifer. ➡ ○ ✕

2 The baby is tall. ➡ ○ ✕

3 We are friends. ➡ ○ ✕

4 The teddy bear is very soft. ➡ ○ ✕

5 The students are at home. ➡ ○ ✕

이것만 **Practice**

02 단어만 넣으면 된다

알맞은 be동사를 찾아 동그라미한 다음 문장을 완성하세요.

1 She [　　　] Anne.　　am　are　is

2 I [　　　] tall.　　am　are　is

3 You [　　　] kind.　　am　are　is

4 The students [　　　] at school.　　am　are　is

03 틀린 것만 고치면 된다

영어 문장의 틀린 부분을 표시하고 맞게 고쳐 쓰세요.

1 I is at home.
나는 집에 있다.
➡ [　　　　　　　]

2 She are sleepy.
그녀는 졸려요.
➡ [　　　　　　　]

3 Ben and Sally is busy.
벤과 샐리는 바빠요.
➡ [　　　　　　　]

4 They is my parents.
그들은 나의 부모님이에요.
➡ [　　　　　　　]

5 You am very kind.
너는 아주 친절해.
➡ [　　　　　　　]

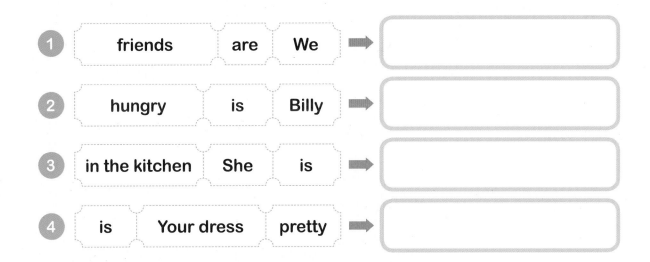

1 | friends | are | We | ➡

2 | hungry | is | Billy | ➡

3 | in the kitchen | She | is | ➡

4 | is | Your dress | pretty | ➡

05 **문장만 만들면 된다** 주어진 단어를 가지고 영작해 보세요.

1 나는 학생이에요. (student) ➡

2 그녀는 예뻐요. (pretty) ➡

3 그들은 행복해요. (happy) ➡

4 그것은 부드러워요. (soft) ➡

be동사 부정문

01 읽으면서 이해한다

더보기 • I am not은 I'm not, is not은 isn't, are not은 aren't로 줄여 쓰기도 해요.

02 정리하며 외운다

	be동사 + not	
	단수	복수
1인칭	**I'm not sleepy.** 나는 졸리지 않아요.	**We aren't police officers.** 우리는 경찰관이 아니에요.
2인칭	**You are not fat.** 너는 뚱뚱하지 않아.	**You aren't weak.** 여러분은 약하지 않아요.
3인칭	**It isn't big.** 그것은 크지 않아요.	**They are not brown.** 그것들은 갈색이 아니에요.

01 보고 고르기만 하면 된다

그림을 보고 알맞은 표현에 표시하세요.

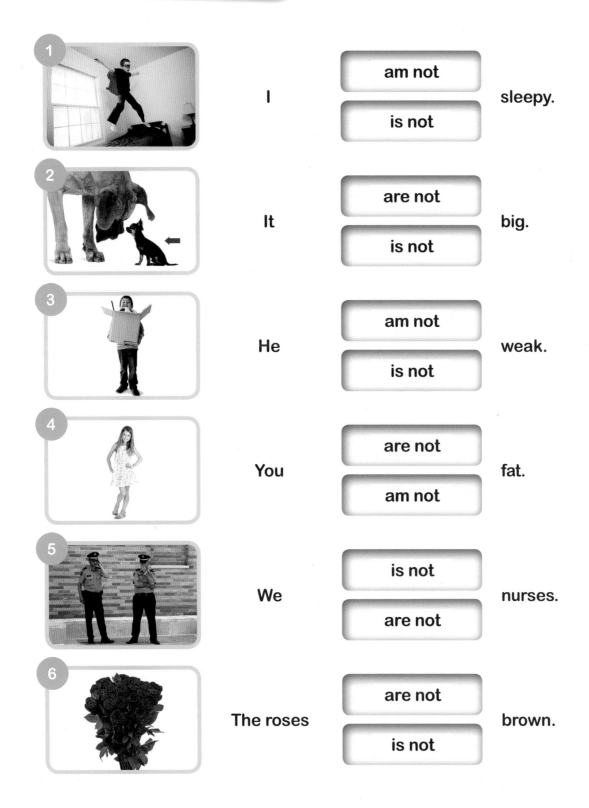

1. I   am not / is not   sleepy.

2. It   are not / is not   big.

3. He   am not / is not   weak.

4. You   are not / am not   fat.

5. We   is not / are not   nurses.

6. The roses   are not / is not   brown.

02 단어만 넣으면 된다

알맞은 be동사의 부정형을 찾아 동그라미한 다음 문장을 완성하세요.

1 She [_____] fat. | is not am not

2 The story [_____] scary. | are not is not

3 They [_____] police officers. | am not are not

4 He [_____] my brother. | is not am not

03 틀린 것만 고치면 된다

영어 문장의 틀린 부분을 표시하고 맞게 고쳐 쓰세요.

1 I am not not busy.
나는 바쁘지 않아요.
➡ [_____]

2 He not is my teacher.
그는 나의 선생님이 아니에요.
➡ [_____]

3 She am not a dancer.
그녀는 댄서가 아니에요.
➡ [_____]

4 Betty are not weak.
베티는 약하지 않아요.
➡ [_____]

5 We is not hungry.
우리는 배고프지 않아요.
➡ [_____]

04 순서만 맞추면 된다

단어의 순서를 맞춰 문장을 만들어 보세요.

1 **I** **not** **fat** **am** ➡

2 **not** **is** **She** **a doctor** ➡

3 **not** **American** **They** **are** ➡

4 **big** **is** **It** **not** ➡

05 문장만 만들면 된다

주어진 단어를 가지고 영작해 보세요.

1 나는 바쁘지 않아요. (busy) ➡

2 그녀는 작지 않아요. (short) ➡

3 헨리(Henry)는 화나지 않았어요. (angry) ➡

4 그 의자들은 딱딱하지 않아요. (hard) ➡

be동사 의문문

01 읽으면서 이해한다

더보기 • 대답은 긍정일 때, Yes, 주어+am/is/are. 부정일 때 No, 주어+am/is/are+not.으로 하면 됩니다.

02 정리하며 외운다

	be동사 + 주어?	
	단수	복수
1인칭	**Am I right?** 내가 맞나요?	**Are we late?** 우리가 늦었어요?
2인칭	**Are you happy?** 너는 행복하니?	**Are you students?** 여러분은 학생이에요?
3인칭	**Is she angry?** 그녀는 화났어? **Is it hot?** 그것은 뜨거워요?	**Are they in the classroom?** 그들은 교실에 있어요?

01 **보고 고르기만 하면 된다**   그림을 보고 알맞은 문장에 표시하세요.

Q ☐ Are she a nurse?   ☐ Is she a nurse?

A Yes, she is.

Q ☐ Am she short?   ☐ Is she short?

A No, she isn't.

Q ☐ Am I late?   ☐ Are I late?

A Yes, you are.

Q ☐ Is it hot?   ☐ Are it hot?

A No, it isn't.

Q ☐ Are they happy?   ☐ Is they happy?

A Yes, they are.

이것만 Practice

02 단어만 넣으면 된다
알맞은 be동사를 찾아 동그라미한 다음 문장을 완성하세요.

1 [   ] I late?   Am   Are   Is

2 [   ] you tired?   Am   Are   Is

3 [   ] they cooks?   Am   Are   Is

4 [   ] it cold?   Am   Are   Is

03 틀린 것만 고치면 된다
영어 문장의 틀린 부분을 표시하고 맞게 고쳐 쓰세요.

1 Am you Peter?
너가 피터니?   ➡ [   ]

2 Are your brother tall?
너의 오빠는 키가 크니?   ➡ [   ]

3 Is they police officers?
그들은 경찰관이에요?   ➡ [   ]

4 Are your sister busy?
너의 여동생은 바쁘니?   ➡ [   ]

5 Are your friend nice?
네 친구는 착하니?   ➡ [   ]

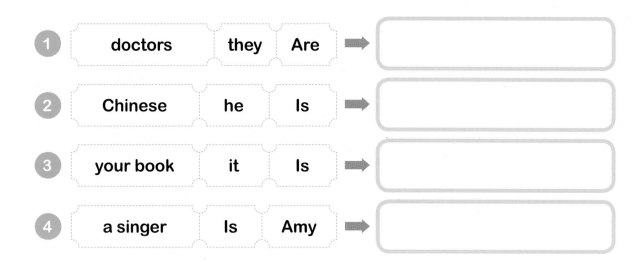

1 | doctors | they | Are | ➡ |
2 | Chinese | he | Is | ➡ |
3 | your book | it | Is | ➡ |
4 | a singer | Is | Amy | ➡ |

05 **문장만 만들면 된다**   주어진 단어를 가지고 영작해 보세요.

1 이것은 너의 책상이니? (your desk) ➡

2 그녀는 미국 출신이야? (from America) ➡

3 그들은 행복하니? (happy) ➡

4 그녀는 간호사인가요? (a nurse) ➡

There is ~/ There are ~

01 읽으면서 이해한다

더보기
- '~이 있다'는 There is~/There are~로 표현을 합니다.
- 단수명사가 올 때는 There is~, 복수명사가 올 때는 There are~로 표현합니다.

02 정리하며 외운다

There is + 단수명사	There are + 복수명사
There is **an ant.** 개미가 한 마리 있어요.	There are **many ants.** 많은 개미가 있어요.
There is **a girl.** 여자 아이가 한 명 있어요.	There are **two girls.** 여자 아이가 두 명 있어요.
There is **a monkey.** 원숭이가 한 마리 있어요.	There are **three monkeys.** 원숭이가 세 마리 있어요.

Practice

01 그림만 일치시키면 된다 내용과 일치하면 😊, 일치하지 않으면 😣 에 표시하세요.

1

There is an ant.

2

There is a boy.

3

There is a horse.

4

There is an eraser.

5

There are some parrots.

6

There is a pencil.

7

There are giraffes.

8

There are some girls.

9

There is a monkey.

02 단어만 넣으면 된다
알맞은 be동사를 찾아 동그라미한 다음 문장을 완성하세요.

1 There ⬜ a rabbit. `is` `are`

2 There ⬜ two people. `is` `are`

3 There ⬜ three monkeys. `is` `are`

4 There ⬜ an apple. `is` `are`

03 틀린 것만 고치면 된다
영어 문장의 틀린 부분을 표시하고 맞게 고쳐 쓰세요.

1 There is some boys.
남자 아이 몇 명이 있어요.
➡️ ⬜

2 There are an orange.
오렌지가 한 개 있어요.
➡️ ⬜

3 There is some girls.
여자 아이 몇 명이 있어요.
➡️ ⬜

4 There is many monkeys.
많은 원숭이들이 있어요.
➡️ ⬜

5 There is some giraffes.
기린이 몇 마리 있어요.
➡️ ⬜

04 순서만 맞추면 된다

단어의 순서를 맞춰 문장을 만들어 보세요.

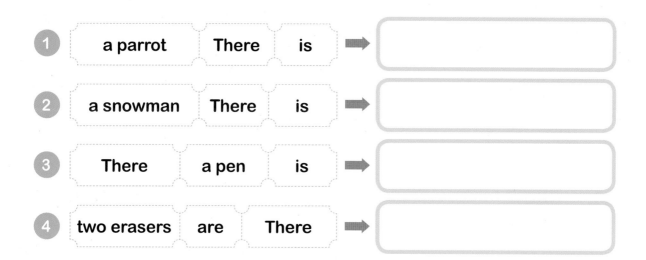

1 | a parrot | There | is | ➡️ |

2 | a snowman | There | is | ➡️ |

3 | There | a pen | is | ➡️ |

4 | two erasers | are | There | ➡️ |

05 문장만 만들면 된다

주어진 단어를 가지고 영작해 보세요.

1 원숭이가 세 마리 있어요. (three monkeys) ➡️

2 남자 아이 몇 명이 있어요. (some boys) ➡️

3 개들이 많이 있어요. (dog) ➡️

4 연필이 한 개 있어요. (a pencil) ➡️

A 그림과 알맞은 문장을 연결해 보세요.

1  •

• There are five apples.

2  •

• I am not hungry.

3  •

• The blue cushion is soft.

4  •

• The baby is not sleepy.

B 문장에 알맞은 단어를 넣어 문장을 완성해 보세요.

1 책상에 책이 한 권 있다. ➡ There _____ a book on the desk.

2 나는 행복해요. ➡ I _____ happy.

3 그 강아지는 귀여워요. ➡ The dog _____ cute.

4 그는 피곤해요? ➡ _____ he tired?

5 우리는 화나지 않았어요. ➡ We _____ angry.

C 대화문에 알맞은 단어를 넣어 문장을 완성해 보세요.

1 A: _____ you busy?   B: Yes, I am.

2 A: _____ he a scientist?   B: No, he isn't.

3 A: Is she at home?   B: No, she _____.

4 A: Are they doctors?   B: Yes, they _____.

D 다음 문장을 지시에 따라 긍정문, 부정문, 의문문으로 바꿔 써보세요.

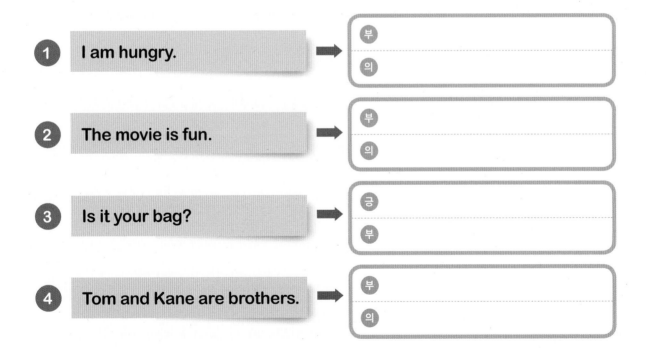

1 I am hungry. ➡ 부
의

2 The movie is fun. ➡ 부
의

3 Is it your bag? ➡ 긍
부

4 Tom and Kane are brothers. ➡ 부
의

일반동사 현재형

01 읽으면서 이해한다

더보기 • 일반동사의 현재형은 주어가 I/You/We/They일 때는 동사원형을 쓰고, He/She/It처럼 3인칭 단수일 때는 동사원형+-s를 씁니다.

02 정리하며 외운다

	일반동사 현재형	
	단수	**복수**
1인칭	**I like chicken.** 나는 치킨을 좋아해요.	**We eat breakfast every day.** 우리는 매일 아침을 먹어요.
2인칭	**You swim after school.** 너는 방과후에 수영을 해.	**You sing and dance well.** 여러분은 노래와 춤을 잘 해요.
3인칭	**He lives in Africa.** 그는 아프리카에 살아요. **It jumps high.** 그것은 높이 뛰어요.	**They smile at the dog.** 그들은 강아지를 보고 미소를 지어요.

01 보고 고르기만 하면 된다

그림을 보고 알맞은 단어를 골라 문장을 완성하세요.

1

2

3

4

5

1 She _____ in Africa. ➡ lives / eats

2 He _____ chicken. ➡ likes / swims

3 They _____ at the baby. ➡ smile / dance

4 We _____ breakfast every morning. ➡ sing / eat

5 The frog _____ high. ➡ sings / jumps

이것만 **Practice**

02 단어만 넣으면 된다

알맞은 동사의 현재형을 찾아 동그라미한 다음 문장을 완성하세요.

1 They [   ] noodles.　　　　| like | likes |

2 He [   ] fast.　　　　| run | runs |

3 I [   ] at the sky every day.　　　　| look | looks |

4 Anna [   ] in New York.　　　　| live | lives |

03 틀린 것만 고치면 된다

영어 문장의 틀린 부분을 표시하고 맞게 고쳐 쓰세요.

1 He always smile at his grandma.
그는 할머니한테 항상 미소를 지어요.
➡ [   ]

2 They walks fast.
그들은 빨리 걸어요.
➡ [   ]

3 Ben eat breakfast every day.
벤은 매일 아침을 먹어요.
➡ [   ]

4 The man cut a big fish very well.
그 남자는 큰 물고기를 진짜 잘 썰어요.
➡ [   ]

5 I plays soccer after school.
나는 방과 후에 축구를 해요.
➡ [   ]

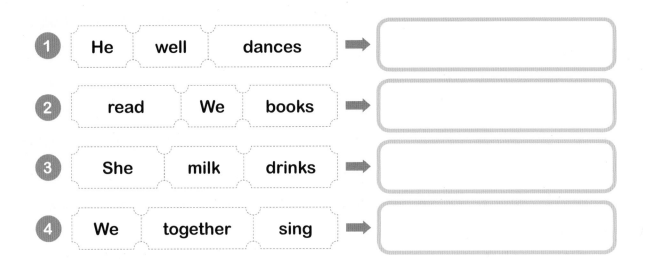

1 | He | well | dances | ➡

2 | read | We | books | ➡

3 | She | milk | drinks | ➡

4 | We | together | sing | ➡

05 문장만 만들면 된다   주어진 단어를 가지고 영작해 보세요.

1 나는 사과를 좋아해요. (apples) ➡

2 나는 매일 편지를 써요. (write) ➡

3 그 캥거루는 높이 점프해요. (jump) ➡

4 레이첼(Rachel)은 빨리 달려요. (fast) ➡

일반동사 현재형의 3인칭 단수형

01 읽으면서 이해한다

더보기 • 주어가 3인칭 단수형일 때 일반동사가 -ch, -sh, -x로 끝나는 경우에는 -es, 자음+y로 끝나는 동사는 y를 i로 고치고 -es를 붙입니다. have, do, go 처럼 불규칙으로 변하는 동사도 있습니다.

02 정리하며 외운다

	일반동사 동사원형	현재형의 3인칭 단수형
-ch, -sh, -x로 끝나는 동사	watch 보다 wash 씻다 fix 고치다	watches washes fixes
자음+y로 끝나는 동사	study 공부하다 carry 나르다	studies carries
불규칙 동사	have 먹다, 가지다 do 하다 go 가다	has does goes

Practice

01 보고 고르기만 하면 된다

그림을 보고 맞는 단어에 표시하세요.

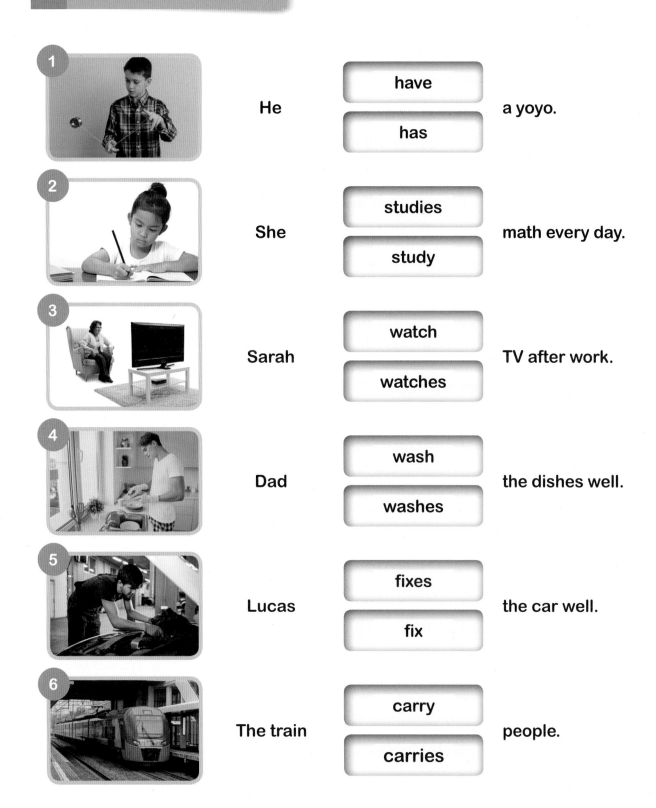

1. He [have / has] a yoyo.

2. She [studies / study] math every day.

3. Sarah [watch / watches] TV after work.

4. Dad [wash / washes] the dishes well.

5. Lucas [fixes / fix] the car well.

6. The train [carry / carries] people.

02 단어만 넣으면 된다

알맞은 일반 동사의 현재형을 찾아 동그라미한 다음 문장을 완성하세요.

1 Sarah [   ] early.   comes   comeis

2 I [   ] my homework at night.   do   does

3 She [   ] hard.   studys   studies

4 My uncle [   ] TV after dinner.   watch   watches

03 틀린 것만 고치면 된다

영어 문장의 틀린 부분을 표시하고 맞게 고쳐 쓰세요.

1 The plane carrys people.
그 비행기는 사람을 운반해요. ➡ [   ]

2 My dad fixs the car well.
우리 아빠는 차를 잘 고쳐요. ➡ [   ]

3 She washies the dishes after dinner.
그녀는 저녁식사 후에 설거지를 해요. ➡ [   ]

4 The boy have a robot.
그 남자아이는 로봇이 있어요. ➡ [   ]

5 My mom like bananas.
우리 엄마는 바나나를 좋아해요. ➡ [   ]

순서만 맞추면 된다   단어의 순서를 맞춰 문장을 만들어 보세요.

1   He   his hair well   washes   ➡

2   fish   The man   catches   every day   ➡

3   wants   Sophia   ice cream   ➡

4   The cat   the tree   climbs   ➡

05 **문장만 만들면 된다**   주어진 단어를 가지고 영작해 보세요.

1   그녀는 아침에 일찍 와요. (early in the morning)   ➡

2   샘(Sam)은 매일 카트를 운반해요. (a cart)   ➡

3   우리 언니는 열심히 공부해요. (hard)   ➡

4   우리는 영화를 함께 봐요. (a movie)   ➡

일반동사 부정문

01 읽으면서 이해한다

> I study not math.
> 나 수학 공부를 안해서 엄마한테 혼났어.

> 내가 너 그럴 줄 알았어.

> 근데 '수학 공부를 안 하다'처럼 일반동사의 부정문을 만들 때는 동사 앞에 do not을 붙여서 말해.

> I do not study math.

> 잘했어.

> 그런데 3인칭 단수명사가 주어로 오면 does not를 써야해.

> 일반동사의 현재형일 때 -s를 붙였던 것하고 비슷하네.

> 그렇지. 그래서 She가 주어가 되면 She does not study math. 이라고 하면 돼.

더보기 • 일반동사의 부정문은 주어가 I/You/We/They일 때는 'do+not+동사원형'으로, 주어가 He/She/It일 때는 'does+not+동사원형'으로 씁니다. do not을 줄여서 don't, does not은 doesn't으로 쓸 수 있어요.

02 정리하며 외운다

do/does + not + 동사원형		
	단수	복수
1인칭	**I do not study math.** 나는 수학 공부를 안 해.	**We do not sell pizza.** 우리는 피자를 팔지 않아요.
2인칭	**You don't like sweet food.** 너는 단 음식을 좋아하지 않아.	**You don't do your homework.** 너희들은 숙제를 하지 않아.
3인칭	**He does not have a smart phone.** 그는 휴대전화가 없어요. **It doesn't have legs.** 그것은 다리가 없어요.	**They don't sell ice cream.** 그들은 아이스크림을 팔지 않아요.

01 보고 고르기만 하면 된다

그림을 보고 알맞는 표현에 표시하세요.

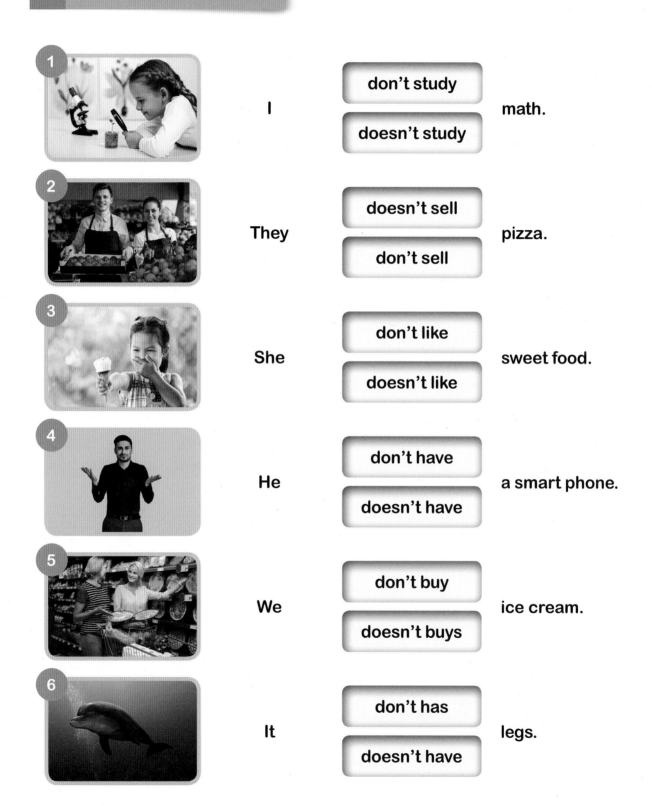

1. I | don't study / doesn't study | math.

2. They | doesn't sell / don't sell | pizza.

3. She | don't like / doesn't like | sweet food.

4. He | don't have / doesn't have | a smart phone.

5. We | don't buy / doesn't buys | ice cream.

6. It | don't has / doesn't have | legs.

02 단어만 넣으면 된다

알맞은 do동사의 부정형을 찾아 동그라미한 다음 문장을 완성하세요.

1 He _____ eat fruit.　　don't　doesn't

2 I _____ like spicy food.　　don't　doesn't

3 Emily _____ wear glasses.　　don't　doesn't

4 They _____ sell hotdogs.　　don't　doesn't

03 틀린 것만 고치면 된다

영어 문장의 틀린 부분을 표시하고 맞게 고쳐 쓰세요.

1 **I don't not drive a car at night.**
나는 밤에 운전을 하지 않아요.
➡

2 **We doesn't buy cola.**
우리는 콜라를 사지 않아요.
➡

3 **She doesn't eats meat.**
그녀는 고기를 먹지 않아요.
➡

4 **He doesn't playing tennis.**
그는 테니스를 치지 않아요.
➡

5 **Mia don't ride a bike.**
미아는 자전거를 타지 않아요.
➡

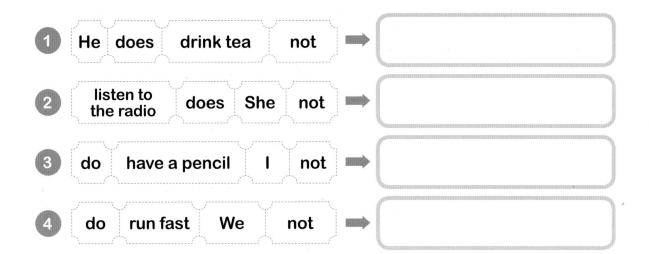

1. He does drink tea not ➡

2. listen to the radio does She not ➡

3. do have a pencil I not ➡

4. do run fast We not ➡

05 **문장만 만들면 된다** 주어진 단어를 가지고 영작해 보세요.

1. 그는 야채를 먹지 않아요. (vegetables) ➡

2. 우리는 밤에 텔레비전을 보지 않아요. (watch TV) ➡

3. 그들은 과일을 팔지 않아요. (sell) ➡

4. 나는 자전거를 타지 않아요. (ride) ➡

일반동사 의문문

01 읽으면서 이해한다

더보기
- 주어가 I/You/We/They일 때는 Do를 쓰고, He/She/It일 때는 Does를 씁니다.
- 의문문에 대한 대답이 긍정일 때는 Yes, 주어+do/does., 부정일 때는 No, 주어+don't/doesn't.으로 하면 됩니다.

02 정리하며 외운다

Do/Does + 주어 + 동사원형?		
	단수	복수
1인칭	**Do I have P.E. class today?** 나 오늘 체육 수업이 있어요?	**Do we need water?** 우리는 물이 필요해요?
2인칭	**Do you like cucumbers?** 너 오이를 좋아해?	**Do you exercise?** 너희들은 운동을 하니?
3인칭	**Does she have mittens?** 그녀는 벙어리 장갑이 있어요? **Does it sleep at night?** 그것은 밤에 잠을 자나요?	**Do they play tennis?** 그들은 테니스를 치나요?

01 보고 고르기만 하면 된다

그림을 보고 알맞은 문장에 표시하세요.

1

Q
☐ Do you like broccoli?
☐ Does you like broccoli?

A No, I don't.

2

Q
☐ Do they play baseball?
☐ Does they play baseball?

A No, they don't.

3

Q
☐ Do the owl sleep at night?
☐ Does the owl sleep at night?

A No, it doesn't.

4

Q
☐ Do she have mittens?
☐ Does she have mittens?

A Yes, she does.

5

Q
☐ Do he need water?
☐ Does he need water?

A Yes, he does.

02 단어만 넣으면 된다

알맞은 do동사를 찾아 동그라미한 다음 문장을 완성하세요.

1 [   ] you drink coffee every day?   Do   Does

2 [   ] he exercise?   Do   Does

3 [   ] she play tennis well?   Do   Does

4 [   ] they have gloves?   Do   Does

03 틀린 것만 고치면 된다

영어 문장의 틀린 부분을 표시하고 맞게 고쳐 쓰세요.

1 Does he has a ball?
그는 공이 있나요?   ➡️ [   ]

2 Does you listen to music?
당신은 음악을 듣나요?   ➡️ [   ]

3 Do the dog eat watermelon?
그 강아지는 수박을 먹나요?   ➡️ [   ]

4 Do we needs water?
우리는 물이 필요한가요?   ➡️ [   ]

5 Do she play basketball?
그녀는 농구를 하나요?   ➡️ [   ]

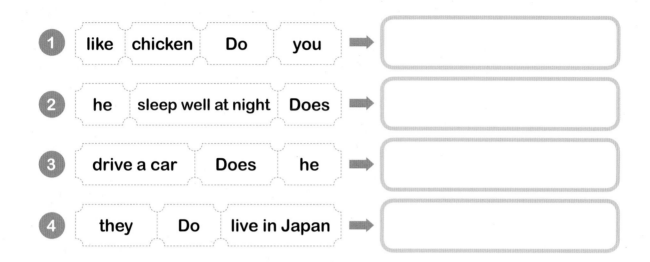

04 순서만 맞추면 된다

단어의 순서를 맞춰 의문문을 만들어 보세요.

1 like chicken | Do | you ➡

2 he | sleep well at night | Does ➡

3 drive a car | Does | he ➡

4 they | Do | live in Japan ➡

05 문장만 만들면 된다

주어진 단어를 가지고 영작해 보세요.

1 그는 아이스크림을 파나요? (sell) ➡

2 그녀는 피자를 좋아하나요? (like) ➡

3 그들은 밤에 텔레비전을 보나요? (watch) ➡

4 케이트(Kate)는 파란색 펜이 있나요? (have) ➡

Review 04 Grammar Rule 14~17

A 그림과 어울리는 문장을 연결해 보세요.

 ①　•

•　She has nice sunglasses.

 ②　•

•　He reads books every day.

 ③　•

•　They don't buy bread.

 ④　•

•　Jack and I don't ride a bike.

B 문장에 알맞은 단어를 넣어 문장을 완성해 보세요.

① 그녀는 빨리 뛰어요. ➡ She _____ fast.

② 그들은 열심히 공부해요. ➡ They _____ hard.

③ 그는 자전거를 타지 않아요. ➡ He _____ ride a bike.

④ 나는 아침을 매일 먹어요. ➡ I _____ breakfast every day.

⑤ 우리는 방과 후 수영을 하지 않아요. ➡ We _____ swim after school.

C 대화문에 알맞은 단어를 넣어 문장을 완성해 보세요.

1 A: _____ you have a bat?   B: No, I don't.

2 A: Does he leave?   B: Yes, he _____.

3 A: Do you play baseball?   B: Yes, I _____.

4 A: _____ she listen to music?   B: Yes, she does.

D 다음 문장을 지시에 따라 긍정문, 부정문, 의문문으로 바꿔 써보세요.

1 We need sneakers. ➡
부 _____
의 _____

2 Jack fixes TVs. ➡
부 _____
의 _____

3 She doesn't clean her room. ➡
긍 _____

4 They buy coffee. ➡
부 _____
의 _____

조동사 can

01 읽으면서 이해한다

더보기 • 조동사 can은 '~할 수 있다'는 뜻 외에 '~해도 된다'는 허가의 뜻이 있습니다. 'You can come in.' 은 '들어와도 돼.'라는 뜻이 됩니다.

02 정리하며 외운다

'능력'을 나타내는 can + 동사원형	'허가'를 나타내는 can + 동사원형
I can play the guitar. 나는 기타를 칠 수 있다.	**You can call her now.** 너는 그녀에게 지금 전화해도 된다.
She can speak English. 그녀는 영어를 할 수 있다.	**Tom can go home.** 톰은 집에 가도 된다.
They can play tennis. 그들은 테니스를 칠 수 있다.	**We can eat lunch.** 우리는 점심을 먹어도 된다. .

01 보고 고르기만 하면 된다

그림을 보고 내용과 상황에 적절한 말이면 O, 적절하지 않으면 X에 표시하세요.

1 He can play tennis. ➡ ○ ✕

2 She can ride a bike. ➡ ○ ✕

3 She can speak English. ➡ ○ ✕

4 Tom can play the piano. ➡ ○ ✕

5 They can eat lunch. ➡ ○ ✕

02 문장만 바꾸면 된다   다음 문장을 can을 넣어 바꿔 써보세요.

1   I play the the guitar.   ➡

2   She swims in the sea.   ➡

3   It runs fast.   ➡

4   You go to the park.   ➡

03 틀린 것만 고치면 된다   영어 문장의 틀린 부분을 표시하고 맞게 고쳐 쓰세요.

1   I play can the violin.
나는 바이올린을 연주 할 수 있다.   ➡

2   She cans eat dinner.
그녀는 저녁을 먹을 수 있다.   ➡

3   They do can play tennis.
그들은 테니스를 칠 수 있다.   ➡

4   Jen can calls him today.
젠은 오늘 그에게 전화할 수 있다.   ➡

5   We does speak Chinese.
우리는 중국어를 말할 수 있다.   ➡

순서만 맞추면 된다 단어의 순서를 맞춰 문장을 만들어 보세요.

1   swim | can | Mr. Lee ➡

2   ride a bike | can | I ➡

3   Geese | fly | can ➡

4   She | run | fast | can ➡

문장만 만들면 된다 주어진 단어를 가지고 영작해 보세요.

1   너는 이제 집에 가도 된다. (home) ➡

2   그는 여기에 주차해도 된다. (park) ➡

3   나는 나무에 올라갈 수 있다. (climb) ➡

4   그녀는 프랑스어를 말할 수 있다. (French) ➡

조동사 can 부정문

01 읽으면서 이해한다

더보기
- cannot은 붙여 쓰고 줄여서 can't 라고 할 수 있습니다.
- 허가의 의미를 가진 can도 바로 뒤에 not을 붙이면 부정문이 됩니다.

02 정리하며 외운다

can + not + 동사원형(능력)	can + not + 동사원형(허가)
Sam cannot play the violin. 샘은 바이올린을 연주하지 못한다.	**You can't run in the library.** 너는 도서관에서 뛰면 안된다.
You can't fly. 너는 날 수 없다.	**You can't close the window.** 너는 창문을 닫아서는 안된다.
It can't run fast. 그것은 빨리 달릴 수 없다.	**We can't watch TV.** 우리는 TV를 봐서는 안된다.

01 보고 고르기만 하면 된다   그림을 보고 맞는 표현에 표시하세요.

1

I

| can't play |
| can play not |

the violin.

2

She

| can run |
| can't close |

the door.

3

It

| can't fly |
| can't flies |

.

4

You

| can't run |
| can't run not |

in the library.

5

He

| can't run |
| can't runs |

fast.

02 문장만 바꾸면 된다

다음 문장을 can의 부정문으로 바꿔 써보세요.

1 She runs in the library. ➡

2 I play basketball. ➡

3 Jin watches TV. ➡

4 It swims well. ➡

03 틀린 것만 고치면 된다

영어 문장의 틀린 부분을 표시하고 맞게 고쳐 쓰세요.

1 I don't can play the piano.
나는 피아노를 칠 수 없다. ➡

2 She can't jumping high.
그녀는 높이 뛸 수 없다. ➡

3 You can run not in the room.
너는 방에서 뛰면 안된다. ➡

4 He can't watches TV.
그는 TV를 보면 안된다. ➡

5 Andy can't swimming.
앤디는 수영을 할 수 없다. ➡

순서만 맞추면 된다　단어의 순서를 맞춰 문장을 만들어 보세요.

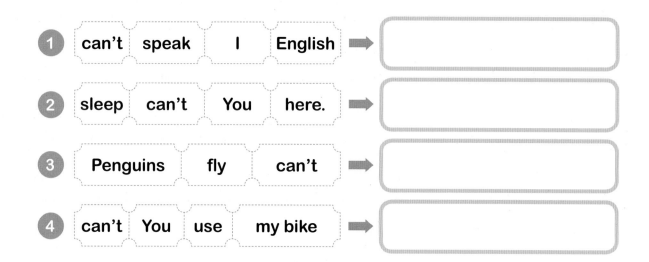

1　can't　speak　I　English　➡

2　sleep　can't　You　here.　➡

3　Penguins　fly　can't　➡

4　can't　You　use　my bike　➡

05 **문장만 만들면 된다**　주어진 단어를 가지고 영작해 보세요.

1　그는 차를 운전할 수 없다. (drive)　➡

2　그녀는 문을 닫으면 안된다. (door)　➡

3　그들은 우쿨렐레를 연주할 수 없다. (ukulele)　➡

4　너희들은 파티에 가면 안된다. (party)　➡

조동사 can 의문문

01 읽으면서 이해한다

더보기 조동사 can의 의문문의 대답은 맞으면 Yes, 주어+can. 아니면 No, 주어+can't.로 대답하면 됩니다.

02 정리하며 외운다

Can + 주어 + 동사?(능력)	Can + 주어 + 동사?(허가)
Can you ride a bike? 너는 자전거를 탈 수 있니?	**Can I open the door?** 제가 문을 열어도 되나요?.
Can he climb a tree? 그는 나무에 오를 수 있니?	**Can I ask a question?** 제가 질문해도 되나요?
Can she drive a car? 그녀는 차를 운전할 수 있니?	**Can she drink some water?** 그녀가 물을 마셔도 되나요?

01 보고 고르기만 하면 된다　그림을 보고 알맞은 문장에 표시하세요.

1

Q Can you swim?

A ☐ Yes, I can. ☐ No, I can't.

2

Q Can I order now?

A ☐ Yes, you can. ☐ No, you can't.

3

Q Can she drive a bus?

A ☐ Yes, she can. ☐ No, she can't.

4

Q Can he jump high?

A ☐ Yes, he can. ☐ No, he can't.

5

Q Can I open the window?

A ☐ Yes, you can. ☐ No, you can't.

02 문장만 바꾸면 된다

다음 문장을 can의 의문문으로 바꿔 써보세요.

1 He can order now. ➡

2 You can drive a truck. ➡

3 Julie can close the door. ➡

4 They can swim in the sea. ➡

03 틀린 것만 고치면 된다

영어 문장의 틀린 부분을 표시하고 맞게 고쳐 쓰세요.

1 Can she rides a bike?
그녀는 자전거를 탈 수 있니? ➡

2 Can he drinks some milk?
그는 우유를 마실 수 있니? ➡

3 Cans we open the window?
우리는 창문을 열 수 있나요? ➡

4 Can it climbs a tree?
그것은 나무에 오를 수 있니? ➡

5 I can ask a question?
제가 질문할 수 있나요? ➡

순서만 맞추면 된다 단어의 순서를 맞춰 의문문을 만들어 보세요.

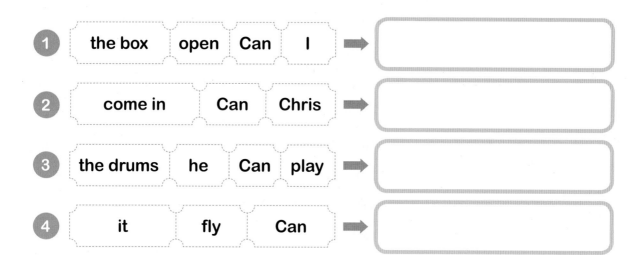

1 the box ｜ open ｜ Can ｜ I ➡

2 come in ｜ Can ｜ Chris ➡

3 the drums ｜ he ｜ Can ｜ play ➡

4 it ｜ fly ｜ Can ➡

05 **문장만 만들면 된다** 주어진 단어를 가지고 영작해 보세요.

1 화장실을 사용해도 되나요? (bathroom) ➡

2 여기에 주차해도 되나요? (park) ➡

3 주스를 마셔도 되나요? (some juice) ➡

4 그는 일본어를 할 수 있나요? (Japanese) ➡

조동사 may

01 읽으면서 이해한다

숙제 안 할 거야? 내일까지 제출해야 해.

근데 나 교과서가 없어서 못하고 있어.

You may use my textbook.

Thank you. 그런데 다른 단어는 알겠는데 may는 무슨 뜻이야? 사용하라는 말이야?

조동사 may를 동사 앞에 붙이면 '~해도 된다'는 '허가'의 뜻이 있어.

아, 그래서 내 교과서를 사용해도 된다는 말이구나.

You may use my game station. 내 게임기를 사용해.

Wow! Thank you.

더보기 조동사 may+동사원형은 '~해도 된다'는 '허가'의 뜻 외에 '~일지도 모른다'라는 '추측'의 뜻이 있어요.

02 정리하며 외운다

may + 동사원형(허가)	may + 동사원형(추측)
You may play computer games. 컴퓨터 게임을 해도 된다.	**She may come this evening.** 그녀가 오늘 저녁에 올지도 모른다.
They may leave now. 그들은 지금 떠나도 좋아.	**He may take a bus.** 그는 버스를 탔는지 모른다.
Jenny may sleep in my room. 제니는 내 방에서 자도 좋아.	**It may rain today.** 오늘 비가 올지도 몰라.

Practice

01 보고 고르기만 하면 된다

내용에 적절한 말이면 O, 적절하지 않으면 X에 표시하세요.

1 You may take the bus. ➡

2 You may sleep in a room. ➡

3 She may play computer games. ➡

4 It may rain today. ➡

5 You may play the piano. ➡

02 문장만 바꾸면 된다   다음 문장을 may를 넣어 바꿔 써보세요.

1 You watch TV. ➡

2 It snows here in May. ➡

3 He talks to her now. ➡

4 The test is easy. ➡

03 틀린 것만 고치면 된다   영어 문장의 틀린 부분을 표시하고 맞게 고쳐 쓰세요.

1 Judy does may leave soon.
주디는 곧 떠날 지 모른다. ➡

2 You may sleeps in my room.
너는 내 방에서 자도 된다. ➡

3 She may wins the game.
그녀가 게임에 이길지도 모른다. ➡

4 Dad may comes early today.
아빠가 오늘 일찍 올지도 모른다. ➡

5 It may snowing today.
오늘 눈이 올지도 모른다. ➡

04 순서만 맞추면 된다

단어의 순서를 맞춰 문장을 만들어 보세요.

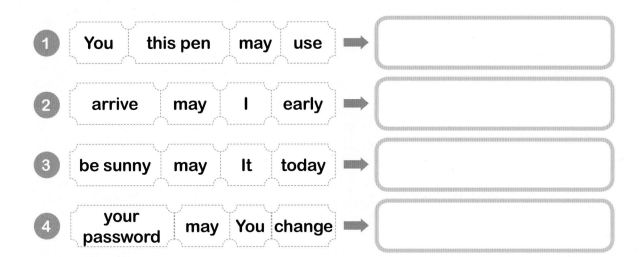

1　You　this pen　may　use　➡

2　arrive　may　I　early　➡

3　be sunny　may　It　today　➡

4　your password　may　You　change　➡

05 문장만 만들면 된다

주어진 단어를 가지고 영작해 보세요.

1　시험이 어려울지도 몰라요. (difficult)　➡

2　나는 수업에 늦을지도 몰라. (class)　➡

3　그녀는 소파에서 자도 돼요. (on the sofa)　➡

4　그는 늦게 일어날지도 몰라. (wake up)　➡

조동사 may 부정문

더보기 허가를 나타내는 may나 추측을 나타내는 may 모두 바로 뒤에 not+동사원형을 붙여 부정문을 만듭니다.

02 정리하며 외운다

may + not + 동사원형(허가)	**may + not + 동사원형(추측)**
You may not use my cell phone. 너는 내 휴대폰을 사용하면 안된다.	**She may not be late for the class.** 그녀는 수업에 늦지 않을 것이다.
You may not smoke here. 여기서 담배를 피워서는 안된다.	**They may not leave next week.** 그들은 다음 주에 떠나지 않을지도 몰라.
You may not dance in this room. 너는 이 방에서 춤추면 안된다.	**Jane may not go with me.** 제인은 나와 가지 않을지도 몰라.

01 보고 고르기만 하면 된다

그림을 보고 맞는 표현에 표시하세요.

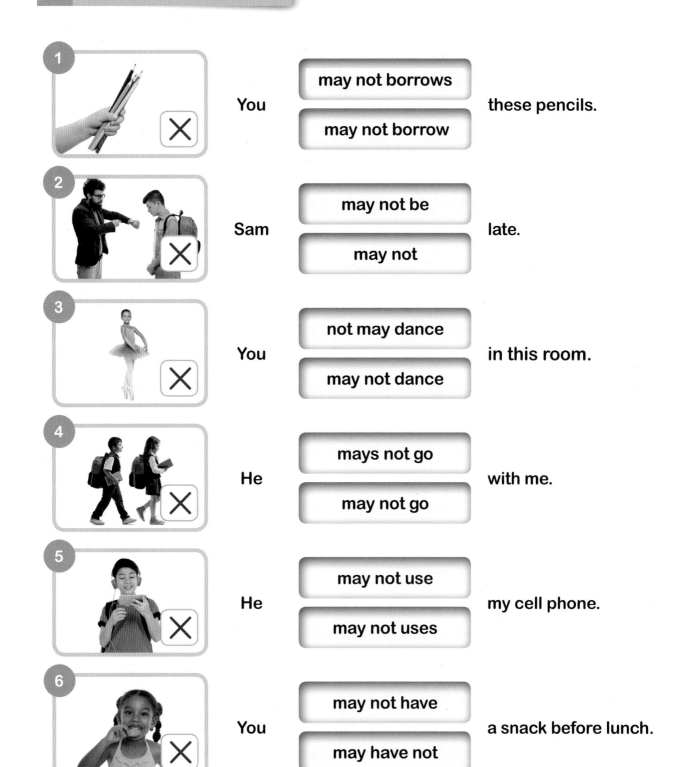

1

You

| may not borrows |
| may not borrow |

these pencils.

2

Sam

| may not be |
| may not |

late.

3

You

| not may dance |
| may not dance |

in this room.

4

He

| mays not go |
| may not go |

with me.

5

He

| may not use |
| may not uses |

my cell phone.

6

You

| may not have |
| may have not |

a snack before lunch.

이것만 **Practice**

02 문장만 바꾸면 된다 다음 문장을 may의 부정문으로 바꿔 써보세요.

1 You may go outside. ➡

2 You may ride my bike. ➡

3 It may be windy today. ➡

4 You may sit here. ➡

03 틀린 것만 고치면 된다 영어 문장의 틀린 부분을 표시하고 맞게 고쳐 쓰세요.

1 You doesn't may go home.
너는 집에 가서는 안된다. ➡

2 Gray mays not eat dinner.
그레이는 저녁을 먹지 않을 것이다. ➡

3 Ted may not likes this ball.
테드는 이 공을 좋아하지 않을 것이다. ➡

4 She may not leaves early.
그녀가 일찍 떠나지 않을지 모른다. ➡

5 You may not dancing in class.
너는 교실에서 춤을 추면 안된다. ➡

04 순서만 맞추면 된다

단어의 순서를 맞춰 문장을 만들어 보세요.

1 ride a horse | may not | You ➡

2 be snowy | today | It | may not ➡

3 my phone | You | use | may not ➡

4 watch TV | She | may not ➡

05 문장만 만들면 된다

주어진 단어를 가지고 영작해 보세요.

1 그는 아침을 먹지 많을지도 몰라. (breakfast) ➡

2 그녀는 일찍 도착하지 않을지도 몰라. (arrive) ➡

3 너는 교실에 가면 안된다. (classroom) ➡

4 그들은 숙제를 끝내지 못할지도 몰라.
(finish their homework) ➡

이것만
Grammar Rule 23
조동사 may 의문문

01 읽으면서 이해한다

더보기
- 추측의 뜻을 가지는 조동사 may는 보통 의문문으로 쓰이지 않습니다.
- 대답은 긍정이면 'Yes, 주어+may', 부정이면 'No, 주어+may not'으로 하면 됩니다.

02 정리하며 외운다

May + 주어 + 동사원형~? (허가)	
May I take your order? 주문을 받아도 될까요?	**Yes, you may.** **No, you may not.**
May I speak to John? 존과 통화해도 될까요?	**Yes, you may.** **No, you may not.**
May I open the birthday present? 생일 선물을 열어봐도 될까요?	**Yes, you may.** **No, you may not.**

이것만 ▷ **Practice**

01 **보고 고르기만 하면 된다** 그림을 보고 알맞은 문장을 고르세요.

1

Q ☐ May I speaks to Sally?
   ☐ May I speak to Sally?

A Yes, you may.

2

Q ☐ May take I your order?
   ☐ May I take your order?

A Yes, you may.

3

Q ☐ May I eat your lunch?
   ☐ May I eats your lunch?

A No, you may not.

4

Q ☐ May open I the box?
   ☐ May I open the box?

A Yes, you may.

5

Q ☐ May I buy this?
   ☐ May I buys this?

A Yes, you may.

02 문장만 바꾸면 된다
다음 문장을 may의 의문문으로 바꿔 써보세요.

1 I may go home at 3:00. ➡

2 I may speak to him. ➡

3 I may open the window. ➡

4 I may use your pen. ➡

03 틀린 것만 고치면 된다
영어 문장의 틀린 부분을 표시하고 맞게 고쳐 쓰세요.

1 May I asking a question?
제가 질문해도 될까요? ➡

2 May I reads your book?
제가 당신의 책을 읽어도 될까요? ➡

3 May I plays outside?
제가 밖에 나가서 놀아도 될까요? ➡

4 May I do sit down?
제가 앉아도 될까요? ➡

5 May I eating your cake?
제가 당신의 케이크를 먹어도 될까요? ➡

순서만 맞추면 된다   단어의 순서를 맞춰 문장을 만들어 보세요.

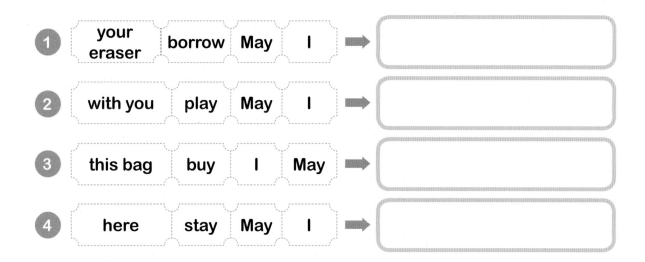

1   your eraser | borrow | May | I →

2   with you | play | May | I →

3   this bag | buy | I | May →

4   here | stay | May | I →

05 **문장만 만들면 된다**   주어진 단어를 가지고 영작해 보세요.

1   제가 피아노를 쳐도 될까요? (the piano) →

2   제가 우유를 마셔도 될까요? (some milk) →

3   제가 영화를 봐도 될까요? (a movie) →

4   제가 책을 읽어도 될까요? (read a book) →

조동사 must

01 읽으면서 이해한다

더보기 조동사 must는 '해야 한다'의 '강한 의무'의 뜻 외에 '틀림없이 ~이다'라는 '강한 추측'의 뜻을 가집니다.

02 정리하며 외운다

must + 동사원형(강한 의무)	must + 동사원형(강한 추측)
You must be quiet in the library. 너는 도서관에서 조용히 해야 한다.	**She must be very sad.** 그녀는 매우 슬픈 게 틀림없어.
I must study hard. 나는 열심히 공부해야만 해.	**It must snow tomorrow.** 내일 눈이 오는 게 틀림없어.
He must wait for his turn. 그는 순서를 기다려야 해.	**He must be an actor.** 그는 배우임에 틀림없어.

01 보고 고르기만 하면 된다

그림을 보고 맞는 표현에 표시하세요.

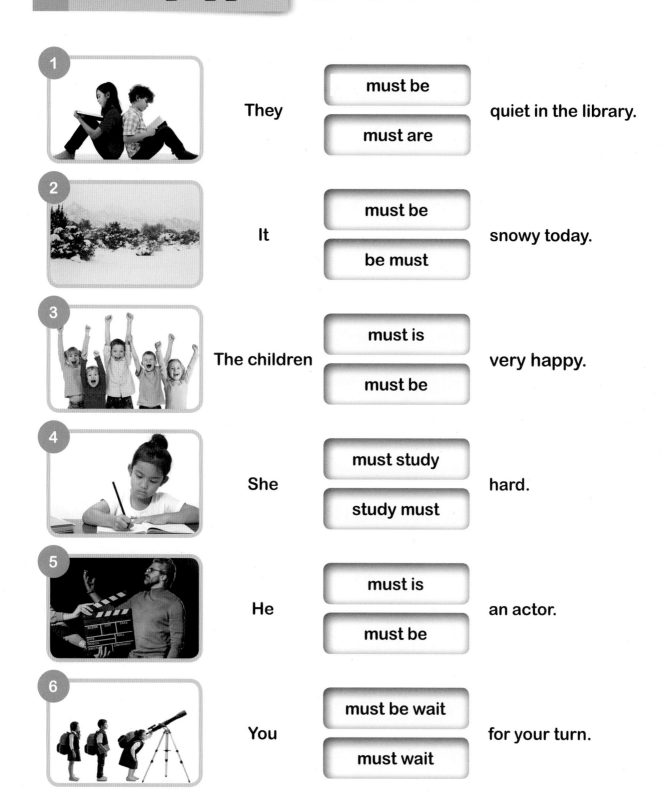

1

They [must be / must are] quiet in the library.

2

It [must be / be must] snowy today.

3

The children [must is / must be] very happy.

4

She [must study / study must] hard.

5

He [must is / must be] an actor.

6

You [must be wait / must wait] for your turn.

02 문장만 바꾸면 된다

다음 문장을 must를 넣어 바꿔 써보세요.

1 She is quiet in class. ➡

2 They are very happy. ➡

3 He is a firefighter. ➡

4 You finish your homework. ➡

03 틀린 것만 고치면 된다

영어 문장의 틀린 부분을 표시하고 맞게 고쳐 쓰세요.

1 Ann must helps me.
앤은 나를 도와줘야만 해. ➡

2 She musts wait for her turn.
그녀는 차례를 기다려야만 해. ➡

3 They arrive must at 10:00.
그들은 10시에 도착해야만 해. ➡

4 He must wears a winter coat.
그는 겨울 코트를 입어야만 해. ➡

5 She must is very sleepy.
그녀는 매우 졸린 것이 틀림없어. ➡

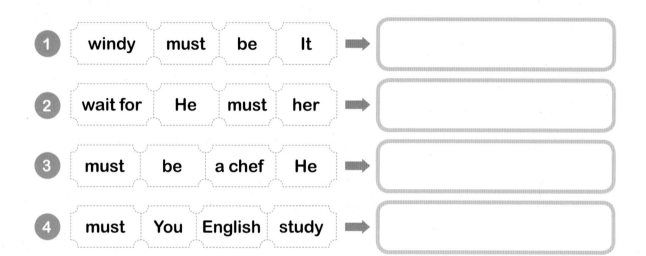

04 순서만 맞추면 된다

단어의 순서를 맞춰 문장을 만들어 보세요.

1 windy | must | be | It ➡

2 wait for | He | must | her ➡

3 must | be | a chef | He ➡

4 must | You | English | study ➡

05 문장만 만들면 된다

주어진 단어를 가지고 영작해 보세요.

1 나는 바이올린을 연습해야 한다. (practice) ➡

2 너는 부츠를 신어야 한다. (boots) ➡

3 다음 주에 비가 오는 게 틀림없다. (next week) ➡

4 그녀는 부유한 게 틀림없다. (rich) ➡

조동사 must 부정문

01 읽으면서 이해한다

더보기 • 조동사 must의 부정문은 'must not+동사원형'으로 줄여서 mustn't 라고도 합니다.
• 뜻은 '절대 ~하면 안된다'로 강한 부정을 나타냅니다.

02 정리하며 외운다

must not + 동사원형(강한 금지)

You must not **tell a lie.** 거짓말을 하면 안된다.	**They** must not **make a noise.** 그들은 시끄럽게 하면 안된다.
He must not **eat too much fast food.** 그는 패스트 푸드를 너무 많이 먹으면 안된다.	**She** must not **chew gum in class.** 그녀는 수업 시간에 껌을 씹으면 안된다.
You must not **sleep in the cold.** 추위 속에서 잠들면 안된다.	**He** must not **be late for class.** 그는 수업에 늦으면 안된다.

Practice

01 보고 고르기만 하면 된다

그림을 보고 맞는 표현에 표시하세요.

1

You | must not late / must not be late | for class.

2

Jack | must not eat / musts not eat | too much fast food.

3

Sarah | must not sleep / don't must sleep | in the cold.

4

You | must not run / must not runs | on the street.

5

She | tell must not / must not tell | a lie.

6

Bob | must not chew / musts not chew | gum in class.

02 문장만 바꾸면 된다

다음 문장을 must의 부정문으로 바꿔 써보세요.

1 She must tell a lie. ➡

2 You must run in the subway. ➡

3 You must talk in class. ➡

4 They must be late for the meeting. ➡

03 틀린 것만 고치면 된다

영어 문장의 틀린 부분을 표시하고 맞게 고쳐 쓰세요.

1 They must fight not each other.
그들은 서로 싸우면 안된다. ➡

2 She musts not play computer games. 그녀는 컴퓨터 게임을 하면 안된다. ➡

3 He must not running in the library.
그는 도서관에서 뛰면 안된다. ➡

4 John not must make noise.
존은 시끄러운 소리를 내면 안된다. ➡

5 You must be not watch TV.
너는 티비를 봐서는 안돼. ➡

04 **순서만 맞추면 된다**   단어의 순서를 맞춰 문장을 만들어 보세요.

1 | must | I | not | eat | eggs | ➡

2 | go | Billy | must | home | not | ➡

3 | She | sleep | not | must | ➡

4 | make noise | He | not | must | ➡

05 **문장만 만들면 된다**   주어진 단어를 가지고 영작해 보세요.

1 너는 모자를 써서는 안된다. (wear) ➡

2 그녀는 숙제를 잊어버리면 안된다. (forget) ➡

3 너는 남동생과 싸우면 안된다. (brother) ➡

4 나는 햄버거를 먹으면 안된다. (hambergers) ➡

have to

01 읽으면서 이해한다

> 아! 근데 한가지 이야기 못해 준 것이 있다. 의무를 나타내는 조동사 번외편!
>
> 그게 먼데? must 말고 또 있어?
>
> must와 같은 뜻으로 'have to + 동사원형'이있어.
>
> 그럼 둘다 '~해야 한다'는 뜻이야?
>
> 난 집에 가야 한다고! I must go home!
>
> I have to teach you. 난 꼭 알려줘야 해.
>
> 아, 그럼 'have to~'에도 '강한 추측'의 뜻이 있어?
>
> 오~ 좋은 질문! 아니야 추측의 뜻은 없어.
>
> 이제 진짜 간다~

더보기 'have to+동사원형'의 부정문인 'don't have to'는 '~해서는 안된다'의 뜻이 아니라 '~할 필요가 없다'라는 뜻이 된다는 것에 주의하세요.

02 정리하며 외운다

have(has) to + 동사원형(의무)	don't(doesn't) have to + 동사원형
I have to take that plane. 난 저 비행기를 꼭 타야 해요.	**He doesn't have to study math.** 그는 수학을 공부할 필요가 없어.
She has to be there before 7. 그녀는 7시 전에 거기 가야 해요.	**You don't have to wear gloves.** 너는 장갑을 낄 필요가 없어.
We have to save electricity. 우리는 전기를 아껴야 해.	**You don't have to clean the room.** 너는 방 청소할 필요가 없어.

01 보고 고르기만 하면 된다   그림을 보고 빈 칸에 알맞은 표현에 표시하세요.

1 He _____ wear gloves. ➡
- have to
- has to

2 You _____ be there before 7. ➡
- have to
- has to

3 She _____ take the subway. ➡
- have to
- has to

4 You don't _____ study math. ➡
- have to
- has to

5 He _____ clean the room. ➡
- has to
- have to

02 문장만 바꾸면 된다

다음 문장을 have (has) to를 넣어 바꿔 써보세요.

1 I take the bus. ➡

2 He studies English today. ➡

3 You read many books. ➡

4 She saves electricity. ➡

03 틀린 것만 고치면 된다

영어 문장의 틀린 부분을 표시하고 맞게 고쳐 쓰세요.

1 I doesn't have to eat lunch.
나는 점심을 먹을 필요가 없다. ➡

2 She don't have to play the piano.
그녀는 피아노를 칠 필요가 없다. ➡

3 You has to wait for me.
너는 나를 기다려야 한다. ➡

4 Beth have to study math.
베쓰는 수학을 공부해야 한다. ➡

5 He don't have to clean.
그는 청소할 필요가 없다. ➡

순서만 맞추면 된다　단어의 순서를 맞춰 문장을 만들어 보세요.

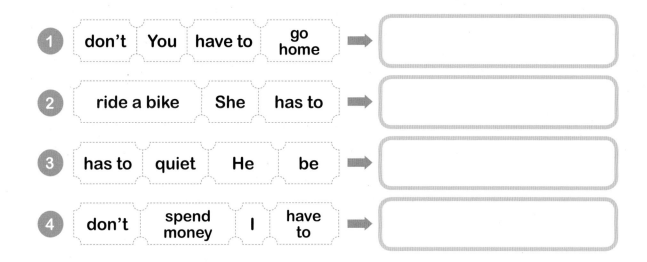

1　don't　You　have to　go home　➡

2　ride a bike　She　has to　➡

3　has to　quiet　He　be　➡

4　don't　spend money　I　have to　➡

05 **문장만 만들면 된다**　주어진 단어를 가지고 영작해 보세요.

1　나는 병원에 가야 한다. (hospital)　➡

2　그녀는 코트를 살 필요가 없다. (coat)　➡

3　너는 전화를 걸 필요가 없다. (call)　➡

4　그녀는 7시에 도착해야 한다. (arrive)　➡

A 그림과 알맞은 문장을 연결해 보세요.

1  • • You must be quiet in the library.

2  • • We have to save electricity.

3  • • She can't swim.

4  • • It may rain today.

B 문장에 알맞은 단어를 넣어 문장을 완성해 보세요.

1 나는 책을 읽을 필요가 없어. ➡ I _____ read books.

2 그녀는 바이올린을 켤 수 있어. ➡ She _____ play the violin.

3 그건 제때 도착 안할지 몰라. ➡ It _____ arrive on time.

4 그들은 버스를 타야만 해요. ➡ They _____ take a bus.

5 너는 거짓말을 하면 안된다. ➡ You _____ tell a lie.

C 대화문에 알맞은 단어를 넣어 문장을 완성해 보세요.

1 A: Can I open the door?   B: Yes, you _____.

2 A: May I play the computer games?   B: No, you may _____.

3 A: Can I cross now?   B: No, you _____.

4 A: Do I have to finish my homework?   B: _____, you do.

D 다음 문장을 지시에 따라 긍정문, 부정문, 의문문으로 바꿔 써보세요.

1 You can swim. ➡ 부 _____

의 _____

2 I may not take a bus. ➡ 긍 _____

3 They must run in the room. ➡ 부 _____

4 She has to wear a hat. ➡ 부 _____

5 I must speak to him now. ➡ 부 _____

조동사 should

01 읽으면서 이해한다

> 햇빛이 눈부셔.
>
> 선글라스를 쓰는 게 좋겠어.
>
> 그렇게 조언이나 충고를 할 때 조동사 should를 쓸 수 있어. should는 '~해야 한다, ~하는 게 좋겠다' 라는 의미거든.
>
> should 다음에는 항상 동사원형을 써야 하는 게 중요해.
>
> We should wear sunglasses.
>
> 너무 잘했어! 우리 이제 가야 돼. We should leave now!

더보기
- should는 조언이나 충고를 나타내어 '~해야 한다, ~하는 게 좋겠다'라는 의미입니다. must보다는 약한 의무를 나타내요.
- should는 주어에 상관없이 같은 형태로 쓰고, should 다음에는 항상 동사원형이 옵니다.

02 정리하며 외운다

should + 동사원형 (약한 조언·충고)

I should wear sunglasses. 난 선글라스를 쓰는 게 좋겠어.	**She should hurry up.** 그녀는 서두르는 게 좋겠다.
You should stand in line. 너는 줄을 서야만 한다.	**We should follow the classroom rules.** 우리는 학급 규칙을 따라야만 한다.
He should see a dentist. 그는 치과에 가는 게 좋겠다.	**They should be quiet in the library.** 그들은 도서관에서 조용히 해야 한다.

Practice

01 보고 고르기만 하면 된다

내용과 상황에 적절한 말이면 O, 적절하지 않으면 X에 표시하세요.

1 She should wear sunglasses. ➡

2 You should see a dentist. ➡ ○ ✕

3 He should hurry up. ➡ ○ ✕

4 They should stand in line. ➡ ○ ✕

5 James should be quiet in the library. ➡ ○ ✕

02 문장만 바꾸면 된다

다음 문장을 should를 넣어 바꿔 써보세요.

1 You wear a coat. ➡

2 I see a doctor. ➡

3 She stands in line. ➡

4 We follow the rules. ➡

03 틀린 것만 고치면 된다

영어 문장의 틀린 부분을 표시하고 맞게 고쳐 쓰세요.

1 He shoulds be quiet.
그는 조용히 있어야 한다. ➡

2 You should hurries up.
너는 서두르는 게 좋겠어. ➡

3 She should drinking water.
그녀는 물을 마시는 게 좋겠어. ➡

4 They should stayed home.
그들은 집에 머물러야 해. ➡

5 Lucy should save money
루시는 돈을 모으는 게 좋겠어. ➡

04 순서만 맞추면 된다

단어의 순서를 맞춰 문장을 만들어 보세요.

1 should | You | leave now ➡

2 He | exercise | should ➡

3 go home | should | I ➡

4 should | get up early | We ➡

05 문장만 만들면 된다

주어진 단어를 가지고 영작해 보세요.

1 당신은 코트를 입는 게 좋겠어요. (wear) ➡

2 그들은 빨리 달려야 해요. (run) ➡

3 우리는 에너지를 절약해야 해요. (save) ➡

4 그녀는 책을 사는 게 좋겠어요. (buy) ➡

조동사 should 부정문

01 읽으면서 이해한다

더보기
- should not은 '~을 해서는 안된다'라는 의미예요. must not 보다는 약한 조언이나 충고를 나타낼 때 씁니다.
- should not 다음에는 항상 동사원형을 써야 해요.
- should not은 줄여서 shouldn't으로 쓸 수 있습니다.

02 정리하며 외운다

should + not + 동사원형 (약한 조언·충고)	
You should not climb the tree. 너는 나무에 올라가지 않는 게 좋겠어.	**We shouldn't eat fast food.** 우리는 패스트푸드는 먹지 말아야 해.
He should not walk fast. 그는 너무 빨리 걷지 않는 게 좋겠어.	**You should not lie to your parents.** 너희는 부모님한테 거짓말을 해서는 안돼.
She shouldn't jump here. 그녀는 여기서 점프하지 않는 게 좋겠어.	**They should not make noise in the bus.** 그들은 버스에서 조용히 해야 돼요.

Practice

01 보고 고르기만 하면 된다   그림을 보고 알맞는 표현에 표시하세요.

1

Jack

| shoulds not jump |

| should not jump |

here.

2

She

| should walk not |

| should not walk |

fast.

3

They

| not should climb |

| should not climb |

the tree.

4

You

| should not breaks |

| should not break |

the window.

5

She

| should not eat |

| should not eats |

fast food.

6

He

| should not make noise |

| should not makes noise |

in the bus.

이것만 Practice

02 문장만 바꾸면 된다

다음 문장을 should의 부정문으로 바꿔 써보세요.

1 You should run fast. ➡

2 He should wear a hat. ➡

3 She should climb a mountain. ➡

4 We should eat meat. ➡

03 틀린 것만 고치면 된다

영어 문장의 틀린 부분을 표시하고 맞게 고쳐 쓰세요.

1 They should not jumping here. ➡
그들은 여기서 뛰지 않는게 좋겠어.

2 He shouldn't lies to his teachers. ➡
그는 선생님한테 거짓말을 하지 않아야 해.

3 We shouldn't made noise here. ➡
우리는 여기서 시끄럽게 하면 안돼.

4 I shoulds not play computer games. ➡
나는 컴퓨터 게임을 하지 않는 게 좋겠어.

5 You should not parks here. ➡
당신은 여기에 주차하지 않는 게 좋겠어요.

순서만 맞추면 된다　　단어의 순서를 맞춰 문장을 만들어 보세요.

1　You　not　sleep in class　should　➡

2　use a phone　should　not　He　➡

3　not　go now　should　They　➡

4　We　touch it　not　should　➡

05 **문장만 만들면 된다**　　주어진 단어를 가지고 영작해 보세요.

1　그는 여기서 멈추지 않는 게 좋겠어. (stop)　➡

2　너는 혼자 가지 않는 게 좋겠어. (alone)　➡

3　그녀는 온라인 수업을 듣지 않는 게 좋겠어. (class)　➡

4　우리는 패스트푸드를 먹지 말아야 해. (eat)　➡

조동사 should 의문문

01 읽으면서 이해한다

더보기 • should 의문문에 대한 대답은 긍정일 때는 Yes, 주어+should.(네. ~해야만 해요.) 부정일 때는 No, 주어+
should not.(~하지 않아도 돼요.)으로 답해요.

02 정리하며 외운다

Should + 주어 + 동사원형?(~해야 할까요?)	
Should I run fast? 나 빨리 달려야 해요?	**Should she buy a new computer?** 그녀는 새 컴퓨터를 사야할까요?
Should you leave now? 넌 지금 출발해야만 하니?	**Should we stop here?** 우리는 여기서 멈춰야 하나요?
Should he close the door? 그가 문을 닫아야 할까요?	**Should they exercise?** 그들은 운동을 해야 해요?

01 보고 고르기만 하면 된다

그림을 보고 알맞은 문장에 표시하세요.

1

Q
- ☐ Should I running fast?
- ☐ Should I run fast?

A Yes, you should.

2

Q
- ☐ Should he exercised?
- ☐ Should he exercise?

A Yes, he should.

3

Q
- ☐ Should she close the window?
- ☐ Should she closed the window?

A Yes, she should.

4

Q
- ☐ Should he leaves now?
- ☐ Should he leave now?

A No, he shouldn't.

5

Q
- ☐ Should they stop at the red light?
- ☐ Should they stopped at the red light?

A Yes, they should.

02 **문장만 바꾸면 된다** 다음 문장을 should의 의문문으로 바꿔 써보세요.

1 I should go fast. ➡

2 He should leave now. ➡

3 I should take a rest. ➡

4 We should use emails. ➡

03 **틀린 것만 고치면 된다** 영어 문장의 틀린 부분을 표시하고 맞게 고쳐 쓰세요.

1 Should I plays the piano?
제가 피아노를 쳐야 할까요? ➡

2 Should she going to the bank?
그녀가 은행에 가야 할까요? ➡

3 Should we buys a table?
우리는 탁자를 사야 할까요? ➡

4 Should take they a bus?
그들은 버스를 타야 할까요? ➡

5 Should Tom washed his hands?
톰은 손을 씻어야 할까요? ➡

1 Should | my homework | finish | I ➡

2 leave | Should | now | she ➡

3 the door | he | close | Should ➡

4 other people | we | help | Should ➡

05 **문장만 만들면 된다** 주어진 단어를 가지고 영작해 보세요.

1 그녀는 여기서 멈춰야 하나요? (stop) ➡

2 우리는 지하철을 타야 하나요?
(take the subway) ➡

3 그들은 창문을 열어야 하나요? (open) ➡

4 나는 그 책을 읽어야 하나요? (read) ➡

조동사 will

01 읽으면서 이해한다

더보기 • will은 미래의 의지나 추측을 나타내어 '~할 거예요' 또는 '아마 ~일 것이다'라는 뜻으로 쓰입니다.
• will 다음에는 항상 동사원형이 옵니다.
• 주어가 대명사일 때 '대명사+'ll(I'll, You'll, We'll, They'll, He'll, It'll)'로 줄여 쓸 수 있어요.

02 정리하며 외운다

will + 동사원형 (미래의 의지나 추측)	
I will **have a party tomorrow.** 나는 내일 생일 파티를 할 거예요.	**She** will **swim after school.** 방과 후 그녀는 수영을 할 거예요.
You will **love this book.** 너는 이 책을 좋아할 거야.	**We** will **go to the theater.** 우리는 영화 극장에 갈 거예요.
He will **join a book club.** 그는 북클럽에 들어갈 거예요.	**They** will **win a game.** 그들은 경기를 이길 거예요.

Practice

01 보고 고르기만 하면 된다   그림을 보고 알맞은 단어를 골라 문장을 완성하세요.

1 He will _____ a party tomorrow. ➡

| have |
| win |

2 I will _____ to the theater. ➡

| win |
| go |

3 They will _____ after school. ➡

| swim |
| have |

4 She will _____ a game. ➡

| go |
| win |

5 Steve will _____ a book club. ➡

| join |
| come |

02 문장만 바꾸면 된다   다음 문장을 will을 넣어 바꿔 써보세요.

1 I buy a computer. ➡

2 He comes to my house. ➡

3 She gets up early. ➡

4 We go to the lake. ➡

03 틀린 것만 고치면 된다   영어 문장의 틀린 부분을 표시하고 맞게 고쳐 쓰세요.

1 The kids will swimming after school. 아이들은 방과 후에 수영을 할 거예요. ➡

2 She have will a birthday party. 그녀는 생일 파티를 할 거예요. ➡

3 My family will goes hiking. 우리 가족은 하이킹을 갈 거예요. ➡

4 He will taken a bus. 그들은 버스를 탈 거예요. ➡

5 I will goes to Paris soon. 나는 파리에 곧 갈 거예요. ➡

순서만 맞추면 된다 단어의 순서를 맞춰 문장을 만들어 보세요.

1 will | a science club | I | join ➡

2 We | a museum | visit | will ➡

3 Emily | an umbrella | will take ➡

4 Our team | will | the game | win ➡

05 **문장만 만들면 된다** 주어진 단어를 가지고 영작해 보세요.

1 나는 그를 곧 만날 거예요. (meet soon) ➡

2 너는 그 영화를 좋아할 거야. (love) ➡

3 그녀가 당신에게 전화할 거예요 (call) ➡

4 우리는 책을 읽을 거예요. (read) ➡

조동사 will 부정문

01 읽으면서 이해한다

> 너 Piggy랑 싸웠니?

> 응, 다시는 Piggy 안 볼 거야.

> 단단히 삐졌네. 근데 방금 네가 한 말 영어로 뭐라고 하는지 궁금하지 않니?

> 뭔데?

> 간단해! '~하지 않을 거야'는 'I + will not + 동사원형'으로 표현하면 돼.

> I will not see him.

> 맞아! 줄여서 I won't see him.이라고 해도 돼. 하지만 지금은 화가 났지만 시간이 지나면 달라질 걸?

> 그러네. 말하다가 보니 화가 다 풀린 거 같아.

더보기 · 조동사 will의 부정문은 'will+not+동사원형'으로 쓰고 '~하지 않을 거예요'라는 의미입니다.
· will not은 줄여서 won't[워운트]라고 해요.

02 정리하며 외운다

will + not + 동사원형 (미래의 의지나 추측)	
I will not talk in class. 나는 수업 시간에 떠들지 않을 거예요	**We won't take a train.** 우리는 기차를 타지 않을 거예요.
It will not snow tomorrow. 내일 눈이 오지 않을 거예요.	**He won't visit you today.** 그는 오늘 당신을 방문하지 않을 거예요.
She will not bring a book. 그녀는 책을 가져오지 않을 거예요.	**They won't go to the park.** 그들은 공원에 가지 않을 거예요.

01 보고 고르기만 하면 된다   그림을 보고 알맞는 표현에 표시하세요.

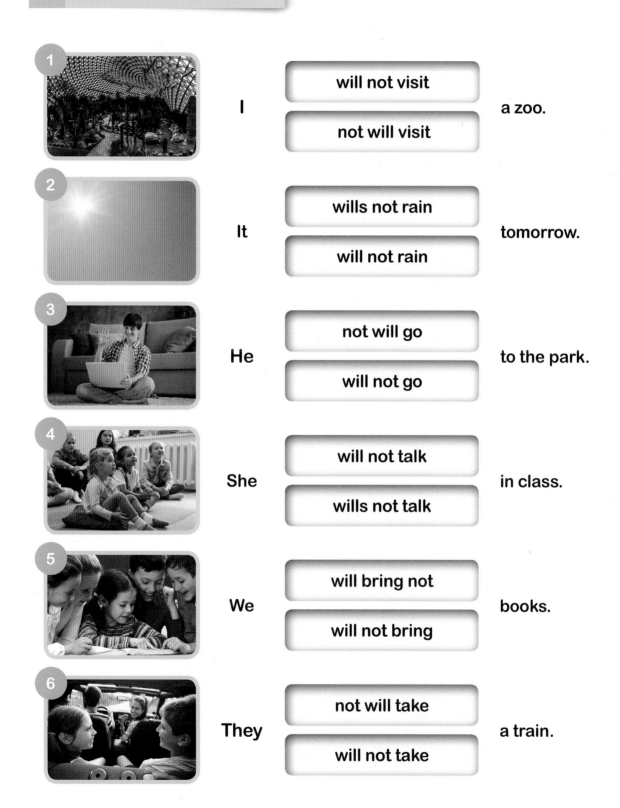

1. I | will not visit / not will visit | a zoo.

2. It | wills not rain / will not rain | tomorrow.

3. He | not will go / will not go | to the park.

4. She | will not talk / wills not talk | in class.

5. We | will bring not / will not bring | books.

6. They | not will take / will not take | a train.

02 **문장만 바꾸면 된다** 다음 문장을 will의 부정문으로 바꿔 써보세요.

1 We will attend the class tomorrow. ➡

2 I will ride a bike. ➡

3 She will love the concert. ➡

4 They will lose the game. ➡

03 **틀린 것만 고치면 된다** 영어 문장의 틀린 부분을 표시하고 맞게 고쳐 쓰세요.

1 I will not going to the library.
나는 도서관에 가지 않을 거예요. ➡

2 It not will rain tomorrow.
내일 비가 오지 않을 거예요. ➡

3 She will not eats chocolate.
그녀는 초콜릿을 먹지 않을 거예요. ➡

4 We will not goes there.
우리는 거기에 가지 않을 거예요. ➡

5 He will not called you today.
그는 오늘 당신한테 전화 걸지 않을 거예요. ➡

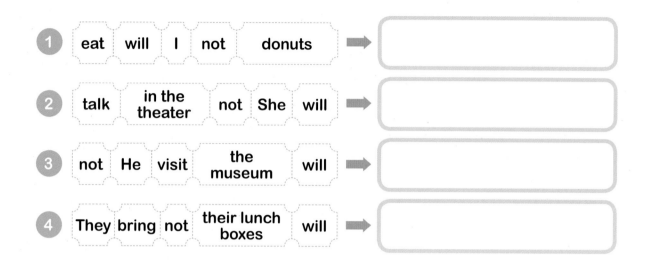

1 eat will I not donuts ➡

2 talk in the theater not She will ➡

3 not He visit the museum will ➡

4 They bring not their lunch boxes will ➡

05 **문장만 만들면 된다** 주어진 단어를 가지고 영작해 보세요.

1 우리는 택시를 타지 않을 거예요. (take a taxi) ➡

2 내일은 비가 오지 않을 거예요. (rain) ➡

3 그는 오늘 그들을 방문하지 않을 거예요. (visit) ➡

4 나는 공원에 가지 않을 거예요. (go to) ➡

조동사 will 의문문

01 읽으면서 이해한다

더보기
• 미래를 나타내는 조동사 will의 의문문은 Will+주어+동사원형?으로 나타냅니다.
• Will 의문문에 대한 대답은 긍정일 때는 Yes, 주어+will. 부정일 때는 No, 주어+won't[워운트]. 답해요.

02 정리하며 외운다

Will + 주어 + 동사원형?(미래의 의지나 추측)	
Will you help me? 나 도와줄거지?	**Will it be sunny?** 날씨가 화창할까요?
Will he sing a song? 그는 노래를 할까요?	**Will we cook dinner?** 우리 저녁식사를 준비할 거예요?
Will she bake a cake? 그녀는 케이크를 구울까요?	**Will they stay home tomorrow?** 그들은 내일 집에 머물까요?

01 **보고 고르기만 하면 된다**   그림을 보고 알맞은 문장에 표시하세요.

Q Will it be sunny?

A ☐ Yes, it will. ☐ No, it won't.

Q Will you help me?

A ☐ Yes, I will. ☐ No, I won't.

Q Will they sing a song?

A ☐ Yes, they will. ☐ No, they won't.

Q Will he bake a cake?

A ☐ Yes, he will. ☐ No, he won't.

Q Will the girl stay home?

A ☐ Yes, she will. ☐ No, she won't.

이것만 Practice

02 문장만 바꾸면 된다

다음 문장을 will의 의문문으로 바꿔 써보세요.

1 She will have a party. ➡

2 He will make lunch for me. ➡

3 We will sing the song together. ➡

4 They will exercise. ➡

03 틀린 것만 고치면 된다

영어 문장의 틀린 부분을 표시하고 맞게 고쳐 쓰세요.

1 Will the plane arrives soon?
비행기가 곧 도착할까요? ➡

2 Wills he eat lunch?
그는 점심을 먹을까요? ➡

3 Will come they here?
그들은 여기에 올까요? ➡

4 Will she goes to bed early?
그녀는 일찍 잘까요? ➡

5 Will they studys hard?
그들이 열심히 공부할까요? ➡

순서만 맞추면 된다 단어의 순서를 맞춰 의문문을 만들어 보세요.

1 you | to the bakery | go | Will ➡

2 it | tomorrow | snow | Will ➡

3 she | the gift | like | Will ➡

4 he | call her | Will | tomorrow ➡

05 **문장만 만들면 된다** 주어진 단어를 가지고 영작해 보세요.

1 그녀는 자전거를 탈까요? (ride a bike) ➡

2 그는 내일 스키를 탈까요? (ski) ➡

3 너는 숙제를 끝낼 거야? (finish) ➡

4 그들이 골프를 할까요? (play golf) ➡

A 그림과 알맞은 문장을 연결해 보세요.

1 • • I should hurry up.

2 • • My team will win the game.

3 • • I will go fishing.

4 • • We shouldn't make noise here.

B 문장에 알맞은 단어를 넣어 문장을 완성해 보세요.

1 나는 박물관에 갈 거예요. ➡ I _____ go to the theater.

2 우리는 패스트푸드를 먹지 말아야 해요. ➡ We _____ eat fast food.

3 그는 치과에 가는 게 좋겠어. ➡ He _____ see a dentist.

4 그들은 버스를 탈 거예요. ➡ They _____ take a bus.

5 그녀는 그 노래를 좋아하지 않을 거예요. ➡ She _____ love the song.

C 대화문에 알맞은 단어를 넣어 문장을 완성해 보세요.

1
A: Will you finish your homework?   B: Yes, I _____.

2
A: _____ they stop here?   B: No, they shouldn't.

3
A: Will we play together?   B: Yes, we _____.

4
A: _____ she exercise?   B: Yes, she should.

D 다음 문장을 지시에 따라 긍정문, 부정문, 의문문으로 바꿔 써보세요.

1 She should come home early. ➡
부
의

2 It will snow tomorrow. ➡
부
의

3 They should hurry up. ➡
부
의

4 He will visit the zoo. ➡
부
의

Final Test 01
Grammar Rule 01~17

[1-2] 다음 빈칸에 들어갈 알맞은 말을 고르세요.

1 I eat two _____ every morning.

① water   ② apples

③ milk   ④ juice

2 She has an _____.

① flower   ② bird

③ umbrella   ④ dog

[3-5] 다음 밑줄 친 부분이 문법적으로 옳은 문장을 고르세요.

3 ① That <u>are</u> a piano.   ② It is <u>he</u> toy.

③ <u>This</u> are firefighters.   ④ <u>They</u> are in the library.

4 ① It is <u>a</u> orange.   ② <u>A</u> earth is beautiful.

③ I know <u>an</u> boy.   ④ There <u>is</u> a fly on the table.

5 ① There <u>is</u> some boys.   ② My dad <u>comes</u> early.

③ We <u>plays</u> tennis after school.   ④ I <u>doesn't</u> clean the room.

[6-7] 다음 빈칸에 들어갈 알맞은 질문을 고르세요?

6   A: _____?

B: No, I don't.

① Is this your dog?   ② Are you a doctor?

③ Do you have a dog?   ④ Does he eat lunch?

7   A: _____?

B: Yes, she is.

① Is it hot?   ② Does she have glasses?

③ Do you like juice?   ④ Is she a nurse?

[8-12] 틀린 부분을 찾아 고쳐 쓰세요.

8   I drink a milk every day.

➡ _____.

9   There are many tree in the park.

➡ _____.

10   She wash the dishes.

➡ _____.

11   Tom and Sally not are students.

➡ _____.

12   Does you play baseball?

➡ _____.

[1-2] 다음 빈칸에 들어갈 알맞은 말을 고르세요.

1 Can she ＿＿＿＿＿＿＿ the piano?

① play   ② plays

③ playing   ④ do play

2 She will ＿＿＿＿＿＿＿ a party tomorrow.

① not   ② has

③ has not   ④ have

[3-5] 다음 밑줄 친 부분이 문법적으로 옳은 문장을 고르세요.

3 ① You should <u>hurry</u> up.   ② May I <u>speaked</u> to John?

③ I <u>don't must</u> break the rule.   ④ He <u>have not to</u> wear glasses.

4 ① Will you <u>helping</u> me?   ② She won't <u>swimming</u> in the pool.

③ She must <u>is</u> very sad.   ④ You <u>have to</u> finish your homework now.

5 ① It can <u>flies</u>.   ② My dad <u>may comes</u> early.

③ It may not <u>be rain</u> tomorrow.   ④ You <u>must not eat</u> too much fast food.

6

A: _____?

B: Yes, you may.

① Can she play the piano?   ② May I take your order?

③ Should I see a doctor?   ④ Will you come this evening?

7

A: _____?

B: No, I won't.

① May I have a party?   ② Will you have a party?

③ Can I have a party?   ④ Should I have a party?

[8-12] 틀린 부분을 찾아 고쳐 쓰세요.

8 You should not climbing a tree.

➡ _____.

9 He not must chew gum in class.

➡ _____.

10 He can't closes the window.

➡ _____.

11 Do I can have lunch with you?

➡ _____.

12 Jen don't have to go home.

➡ _____.

초등 영문법
이것만
하면 된다
①

특별 부록

서술형 쓰기 대비 문장쓰기 노트
명사의 불규칙 복수형
Grammar Board Game

Grammar Rule 01 　단수명사/복수명사

1　나는 코끼리 한 마리를 봐요.　　　　I see _____.

2　그것은 오리예요.　　　　　　　　　It is _____.

3　그녀는 노란 코트가 있어요.　　　　She has _____.

4　잭은 많은 로봇이 있어요.　　　　　Jack has _____.

5　문어 세 마리가 있어요.　　　　　　There are _____.

Hint　an elephant　a yellow coat　a duck　many robots　three octopuses

Grammar Rule 02 　여러 가지 형태의 복수명사

1　그들은 몇 명의 아기를 본다.　　　　They see _____.

2　빌(Bill)은 캔디를 좋아해요.　　　　Bill likes _____.

3　늑대가 다섯 마리 있어요.　　　　　There are _____.

4　그녀는 드레스가 세 벌 있어요.　　　She has _____.

5　나는 체리가 두 개 있어요.　　　　　I have _____.

Hint　candies　some babies　three dresses　two cherries　five wolves

Grammar Rule 03 　셀 수 없는 명사

1　나는 매일 우유를 마셔요.　　　　　I _____ every day.

2　그녀는 설탕이 필요해요.　　　　　　She _____.

3　치즈가 있어요.　　　　　　　　　　There _____.

4　그는 아침으로 밥을 먹어요.　　　　He _____ for breakfast.

5　나는 버터를 좋아해요.　　　　　　　I _____ .

Hint　is cheese　need sugar　eats rice　drink milk　like butter

주격 인칭대명사

1. 그녀는 빨간 펜이 있어. _____ has a red pen.

2. 나는 행복해. _____ am happy.

3. 그는 너무 화가 나. _____ is so angry.

4. 우리는 친구야. _____ are friends.

5. 그들은 햄버거를 좋아해. _____ like hamburgers.

Hint   They   She   We   He   I

목적격 인칭대명사

1. 우리 아빠는 나를 사랑해. My dad _____.

2. 나는 그들을 찾을 수 없어. I can't _____.

3. 그는 너를 알아. He _____.

4. 나는 그녀가 그리워. I _____.

5. 그는 그녀를 돕는다. He _____.

Hint   miss her   knows you   loves me   find them   helps her

---

지시대명사

1. 이 사람은 우리 엄마야. _____ my mother.

2. 저것은 사과야. _____ an apple.

3. 그들은 간호사야. _____ nurses.

4. 저것들은 돼지야. _____ pigs.

5. 이것들은 연필들이야. _____ pencils.

Hint   That is   These are   Those are   They are   This is

Grammar Rule 07 소유격

1 그는 그의 고양이를 좋아해.　　　He likes _____.

2 저것은 나의 바이올린이야.　　　That is _____.

3 이것들은 그들의 케이크야.　　　These are _____.

4 그녀의 드레스는 정말 예뻐.　　　_____ is so pretty.

5 그녀의 물고기는 너무 귀엽다.　　_____ is so cute.

Hint their cakes　Her dress　Her fish　my violin　his cat

Grammar Rule 08 소유대명사

1 저 드레스는 그녀의 것이다.　　　That dress _____.

2 이 시계는 나의 것이다.　　　This watch _____.

3 이 책상은 너의 것이다.　　　This desk _____.

4 저 바나나들은 우리의 것이다　　Those bananas _____.

5 저 의자들은 그의 것이다.　　　Those chairs _____.

Hint are his　is yours　is hers　is mine　are ours

Grammar Rule 09 부정관사/정관사

1 저 태양을 봐라.　　　Look at _____.

2 그것은 우산이야.　　　It is _____.

3 계란 한 개가 있어요.　　　There is _____.

4 나는 달을 본다.　　　I see _____.

5 나는 소녀를 본다.　　　I see _____.

Hint the moon　an egg　the sun　a girl　an umbrella

Grammar Rule 10 　be동사 현재형

1 그녀는 집에 있어. 　　　　She _____.

2 그는 친절해요. 　　　　　He _____.

3 우리는 친구예요. 　　　　We _____.

4 나는 키가 커요. 　　　　　I _____.

5 그것은 부드러워요. 　　　It _____.

Hint 　is kind 　is at home 　is soft 　are friends 　am tall

Grammar Rule 11 　be동사 부정문

1 나는 졸리지 않아요. 　　　　I _____ sleepy.

2 그녀는 프랑스 출신이 아니에요. 　She _____ from France.

3 그것들은 갈색이 아니에요. 　　It _____ brown.

4 그는 의사가 아니에요. 　　　He _____ a doctor.

5 우리는 배고프지 않아요. 　　We _____ hungry.

Hint 　is not 　is not 　am not 　is not 　are not

Grammar Rule 12 　be동사 의문문

1 너는 행복하니? 　　　　_____ happy?

2 그녀는 화났어? 　　　　_____ angry?

3 그것은 뜨거워요? 　　　_____ hot?

4 이것은 너의 책상이니? 　_____ your desk?

5 에이미(Amy)는 가수예요? 　_____ a singer?

Hint 　Is she 　Are you 　Is it 　Is Amy 　Is it

162

Grammar Rule 13 — There is~ / There are~

1. 개미가 한 마리 있어요. _____ an ant.

2. 여자 아이가 두 명 있어요. _____ two girls.

3. 눈 사람이 한 개 있어요. _____ a snowman.

4. 원숭이가 세 마리 있어요. _____ three monkeys.

5. 앵무새가 한 마리 있어요. _____ a parrot.

Hint There are   There is   There are   There is   There is

Grammar Rule 14 — 일반동사 현재형

1. 나는 치킨을 좋아해요. _____ chicken.

2. 그는 아프리카에 살아요. _____ in Africa.

3. 그들은 방과후에 수영을 해요. _____ after school.

4. 우리는 매일 아침을 먹어요. _____ breakfast every day.

5. 그것은 높이 뛰어요. _____ high.

Hint It jumps   I like   They swim   He lives   We eat

Grammar Rule 15 — 일반동사 현재형의 3인칭 단수형

1. 그녀는 일찍 와요. _____ early.

2. 그는 카트를 끌어요. _____ a cart.

3. 우리 언니는 열심히 공부해요. _____ hard.

4. 나는 설거지는 해요. _____ the dishes.

5. 고양이가 나무에 올라가요. _____ the tree.

Hint The cat climbs   He carries   My sister studies   She comes   I wash

일반동사 부정문

1 나는 수학 공부를 안 해. _____ study math.

2 그는 휴대전화가 없어요. _____ have a smart phone.

3 그것은 다리가 없어요. _____ have legs.

4 우리는 피자를 팔지 않아요. _____ sell pizza.

5 그녀는 야채를 먹지 않아요. _____ eat vegetables.

Hint   I don't   It doesn't   She doesn't   He doesn't   We don't

일반동사 의문문

1 너는 오이를 좋아하니? _____ like cucumbers?

2 그녀는 벙어리 장갑이 있어요? _____ have mittens?

3 그것은 밤에 잠을 자요? _____ sleep at night?

4 너희들은 운동을 하니? _____ exercise?

5 그들은 테니스를 치나요? _____ play tennis?

Hint   Does she   Do you   Do you   Do they   Does it

조동사 can

1 나는 피아노를 칠 수 있다. I _____ the piano.

2 그녀는 중국어를 말할 수 있다. She _____ Chinese.

3 너는 집에 가도 된다. You _____ .

4 그는 점심을 먹어도 된다. He _____ his lunch.

5 그녀는 자전거를 탈 수 있다. She _____ a bike.

Hint   can go home   can ride   can speak   can play   can eat

조동사 can 부정문

1. 샘은 박물관에서 뛰면 안된다.   Sam _____ in the museum.

2. 너는 TV를 봐서는 안된다.   You _____ TV.

3. 타조는 날 수 없다.   The ostrich _____.

4. 그는 피아노를 치지 못한다.   He _____ the piano.

5. 너는 창문을 닫아서는 안된다.   You _____ the window.

Hint   can't fly   can't watch   can't run   can't play   can't close

---

조동사 can 의문문

1. 그는 자전거를 탈 수 있니?   _____ ride a bike?

2. 그녀는 수영할 수 있니?   _____ swim?

3. 너는 차를 운전할 수 있니?   _____ drive a car?

4. 제가 질문해도 되나요?   _____ ask a question?

5. 그들은 높이 점프할 수 있니?   _____ jump high?

Hint   Can he   Can you   Can they   Can I   Can she

조동사 may

1. 너는 TV를 봐도 된다.   You _____ TV.

2. 오늘은 해가 날 것이다.   It _____ sunny today.

3. 엄마는 오늘 일찍 올 것이다.   My mom _____ early today.

4. 그는 일찍 떠나도 된다.   He _____ early.

5. 너는 방에서 자도 된다.   You _____ in a room.

Hint   may leave   may be   may watch   may come   may sleep

조동사 may 부정문

1 그는 밖에 나가면 안된다.　　　He _____ outside.

2 그녀는 앉으면 안된다.　　　She _____ down.

3 오늘은 바람이 불지 않을 것이다.　　It _____ windy today.

4 그는 교실을 떠나면 안된다.　　He _____ the classroom.

5 그녀는 이 방에서 춤추면 안된다.　　She _____ in this room.

Hint　may not go　may not be　may not sit　may not leave　may not dance

---

조동사 may 의문문

1 내가 너의 책을 읽어도 되니?　　　_____ read your book?

2 내가 너의 케익을 먹어도 되니?　　_____ eat your cake?

3 내가 집으로 가도 될까요?　　_____ go home?

4 내가 이 가방을 사도 될까요?　　_____ buy these bags?

5 내가 존과 통화해도 될까요?　　_____ speak to Jon?

Hint　May I　May I　May I　May I　May I

조동사 must

1 너는 도서관에서 조용해 해야만 해.　　You _____ quiet in the library.

2 그는 나를 도와줘야만 해.　　He _____ me.

3 너는 영어를 열심히 공부해야 해.　　You _____ English.

4 그는 피아노를 연습해야만 해.　　He _____ the piano.

5 John이 틀림없어.　　It _____ John.

Hint　must be　must play　must be　must help　must study

조동사 must 부정문

1 그녀는 말하면 안된다.   She must _____.

2 그는 도서관에 뛰면 안된다.   He _____ run in the library.

3 샐리는 소음을 내면 안된다.   Sally must _____ noise.

4 너는 거짓말을 하지 않은 게 틀림없어.   You must _____ a lie.

5 너는 추위 속에서 잠들면 안된다.   You must _____ in the cold.

Hint   not talk   not tell   not sleep   must not   not make

have to

1 나는 장갑을 낄 필요가 없어.   I don't _____ wear gloves.

2 너는 전화를 걸 필요가 없어.   You don't have _____ .

3 나는 수학을 공부해야 해.   I have _____ math.

4 그는 점심을 먹어야 해.   He _____ eat lunch.

5 그녀는 7시 전에 거기 가야 해요.   She has _____ there before 7.

Hint   have to   has to   to study   to call   to be

조동사 should

1 나는 선글라스를 쓰는 게 좋겠어.   _____ wear sunglasses.

2 너는 줄을 서야만 해.   _____ stand in line.

3 그는 치과에 가는 게 좋겠다.   _____ see a dentist.

4 그녀는 서두르는 게 좋았다.   _____ hurry up.

5 그들은 도서관에서 조용히 해야 해요.   _____ be quiet in the library.

Hint   You should   I should   He should   They should   She should

조동사 should 부정문

1. 그는 너무 빨리 걷지 않는 게 좋겠어. _____ walk fast.

2. 우리는 패스트푸드를 먹지 말아야 해. _____ eat fast food.

3. 너희는 부모님한테 거짓말을 해서는 안돼. _____ lie to your parents.

4. 그녀는 여기서 점프하지 않는 게 좋겠어. _____ jump here.

5. 당신은 여기에 주차하지 않는 게 좋겠어요. _____ park here.

Hint   You should not   We should not   You should not   He should not   She should not

조동사 should 의문문

1. 넌 지금 출발해야만 하니? _____ leave now?

2. 그가 문을 닫아야 할까요? _____ close the door?

3. 그녀는 새 컴퓨터를 사야할까요? _____ buy a new computer?

4. 우리는 여기서 멈춰야 하나요? _____ stop here?

5. 그들은 운동을 해야 해요? _____ exercise?

Hint   Should they   Should he   Should you   Should she   Should we

조동사 will

1. 나는 내일 생일 파티를 할 거예요. _____ have a party tomorrow.

2. 너는 이 책을 좋아할 거야. _____ love the book.

3. 그는 북클럽에 들어갈 거예요. _____ join a book club.

4. 우리는 극장에 갈 거예요. _____ go to the theater.

5. 그들은 경기에 이길 거예요. _____ win a game.

Hint   You will   I will   He will   They will   We will

조동사 will 부정문

1. 내일 눈이 오지 않을 거예요. _____ snow tomorrow.

2. 그녀는 책을 가져오지 않을 거예요. _____ bring a book.

3. 우리는 기차를 타지 않을 거예요. _____ take a train.

4. 그는 오늘 당신을 방문하지 않을 거예요. _____ visit you today.

5. 그들은 공원에 가지 않을 거예요. _____ go to the park.

Hint She will not   It will not   He will not   They will not   We will not

조동사 will 의문문

1. 나 도와줄거니? _____ help me?

2. 그는 노래를 할까요? _____ sing a song?

3. 그녀는 케이크를 구울까요? _____ bake a cake?

4. 날씨가 화창할까요? _____ be sunny?

5. 그들은 내일 집에 머물까요? _____ stay home tomorrow?

Hint Will they   Will he   Will she   Will you   Will it

man   **men**

woman   **women**

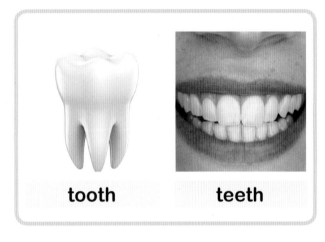

tooth   **teeth**

child   **children**

ox   **oxen**

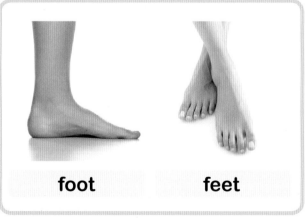

foot   **feet**

person　　**people**

mouse　　**mice**

goose　　**geese**

sheep　　**sheep**

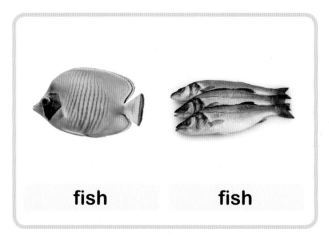

fish　　**fish**

deer　　**deer**

Grammar Board Game

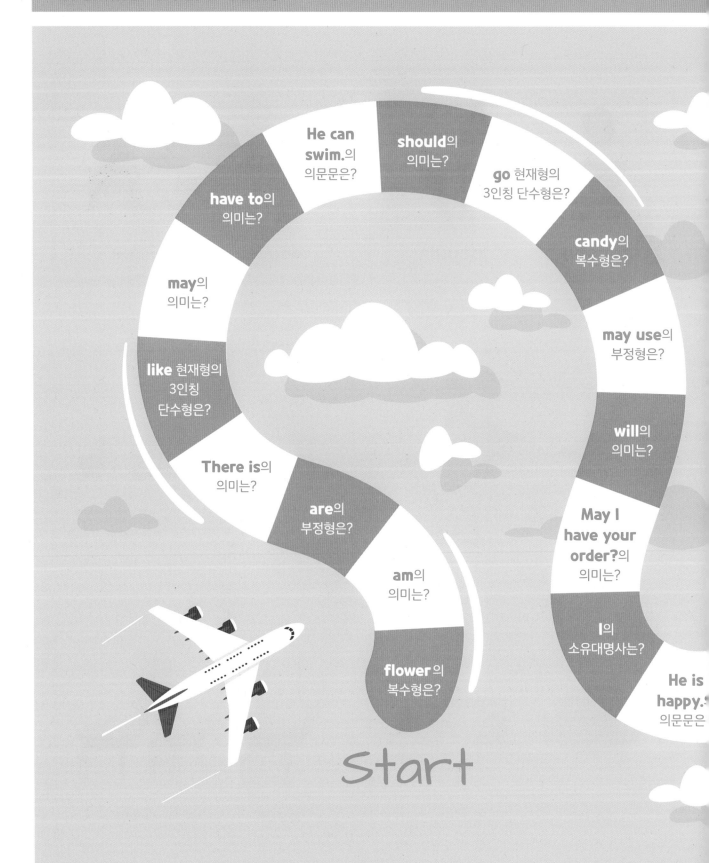

He can swim.의 의문문은?

should의 의미는?

go 현재형의 3인칭 단수형은?

have to의 의미는?

candy의 복수형은?

may의 의미는?

may use의 부정형은?

like 현재형의 3인칭 단수형은?

will의 의미는?

There is의 의미는?

May I have your order?의 의미는?

are의 부정형은?

am의 의미는?

I의 소유대명사는?

flower의 복수형은?

He is happy.의 의문문은

Start

have to
study의
부정형은?

do not
clean의
의미는?

he의
목적격은?

She has
mittens.의
의문문은?

this의
의미는?

can't run의
의미는?

should
climb의
부정형은?

they의
소유격은?

must
tell a lie의
부정형은?

They
should
exercise.의
의문문은?

will snow의
부정형은?

Finish

can의
의미는?

초등 영문법 이것만 하면 된다 ①

Answer Key

❶ **본문 정답지**
(Grammar Rule + Review + Final Test)

❷ **부록 정답지**
(서술형 문장 쓰기 대비 노트)

Grammar Rule + Review + Final Test

Grammar Rule 01

01 보고 고르기만 하면 된다

1. (☺)
2. (☹)
3. (☹)
4. (☺)
5. (☺)
6. (☹)

02 단어만 넣으면 된다

1. **apple**
   나는 사과 한 개를 먹는다.
2. **flower**
   이것은 꽃이다.
3. **ducks**
   나는 오리 세 마리를 본다.
4. **book**
   Mike는 책이 한 권 있다.

03 틀린 것만 고치면 된다

1. He has a bike.
2. There are two <u>parks</u>.
3. She has an <u>umbrella</u>.
4. My sister has <u>a bird</u>.

04 순서만 맞추면 된다

1. **I see an elephant.**
   나는 코끼리 한 마리를 본다.
2. **This is an octopus.**
   이것은 문어다.
3. **She has a yellow coat.**
   그녀는 노란 코트를 갖고 있다.
4. **This is a cat.**
   이것은 고양이다.

05 문장만 만들면 된다

1. He has a pencil.
2. I have an uncle.
3. She has two dogs.
4. Jack has many robots.

Grammar Rule 02

01 보고 고르기만 하면 된다

1. boxes
2. flies
3. elves
4. dresses
5. teeth
6. tomatoes
7. candies
8. foxes

02 단어만 넣으면 된다

1. **boxes**
   나는 상자 두 개를 갖고 있다.
2. **candies**
   Bill은 캔디를 좋아한다.
3. **leaves**
   잎사귀가 많이 있다.
4. **dresses**
   그녀는 드레스를 세 벌 갖고 있다.

03 틀린 것만 고치면 된다

1. She washes the <u>dishes</u>.
2. I want five <u>cherries</u>.
3. There are many <u>flies</u> on the bread.
4. Jenny has two <u>tomatoes</u>.

04 순서만 맞추면 된다

1 They see some babies.
그들은 몇 몇 아기를 본다.

2 Three wolves run fast.
세 마리의 늑대가 빨리 뛴다.

3 I have some candies.
나는 약간의 캔디를 갖고 있다.

4 There are many glasses.
안경이 많이 있다.

05 문장만 만들면 된다

1 He has three buses.

2 Foxes run fast.

3 She sees three elves.

4 There are five wolves.

Grammar Rule 03

01 보고 고르기만 하면 된다

1 U

2 U

3 C

4 C

5 U

6 U

7 U

8 U

9 C

02 단어만 넣으면 된다

1 Seoul
그녀는 서울에 산다.

2 music
나는 음악을 듣는다.

3 juice
나는 주스를 마신다.

4 cheese
치즈가 있다.

03 틀린 것만 고치면 된다

1 I eat <u>bread</u> for dinner.

2 Peter loves <u>peace</u>.

3 Eric needs <u>coffee</u>.

4 She wants <u>water</u>.

5 <u>Cheese</u> is delicious.

04 순서만 맞추면 된다

1 I drink milk.
나는 우유를 마신다.

2 We need money.
우리는 돈이 필요하다.

3 He eats rice for breakfast.
그는 아침으로 밥을 먹는다.

4 I like chocolate.
나는 초콜릿을 좋아한다.

05 문장만 만들면 된다

1 I want juice.

2 She needs sugar.

3 He likes butter.

4 They eat soup for lunch.

Review 01

A 그림과 알맞은 단어를 연결해 보세요.

1 an orange

2 two boxes

3 milk

4 three flowers

B 다음 단어를 복수형으로 바꿔 써보세요.

1. apples
2. wolves
3. dresses
4. leaves
5. birds
6. dishes
7. tomatoes
8. teeth

C 다음 문장 중에서 셀 수 없는 명사를 찾아 동그라미하고 쓰세요.

1. soup
   나는 수프와 샌드위치 한 개를 먹고 싶어.
2. coffee
   우리 엄마는 커피를 좋아해.
3. Jenney, peace
   Jenney는 평화를 사랑해.
4. cheese
   탁자 위에 치즈가 있어.

D 다음 문장에 알맞은 단어를 넣어 완성해 보세요.

1. duck
2. buses
3. elephant
4. leaves
5. babies
6. butter

Grammar Rule 04

01 보고 고르기만 하면 된다

1. 너는
2. 그들은

3. 그녀는
4. 그는
5. 나는
6. 너희들은
7. 그것은
8. 우리들은

02 단어만 넣으면 된다

1. she
   그녀는 나의 선생님이다.
2. I
   나는 행복하다.
3. You
   너는 너무 예쁘다.
4. We
   우리는 햄버거를 좋아한다.

03 틀린 것만 고치면 된다

1. He has a red pen.
2. I am so angry.
3. It is your hat.
4. You are my friends.

04 순서만 맞추면 된다

1. She is happy.
   그녀는 행복하다.
2. She is pretty.
   그녀는 예쁘다.
3. I like pizza.
   나는 피자를 좋아한다.
4. It is your hat.
   그것은 너의 모자다.

05 문장만 만들면 된다

1. She is my mother.
2. He is my student.

3 I have a blue pen.

4 You are so beautiful.

Grammar Rule 05

01 보고 고르기만 하면 된다

1 너를

2 그들을

3 그를

4 그것을

5 우리를

6 너희들을

7 그녀를

8 나를

02 단어만 넣으면 된다

1 me
나의 엄마는 나를 사랑한다.

2 her
Kate는 그녀를 그리워한다.

3 them
내 여자 형제는 그들을 좋아한다.

4 you
그는 너희들을 돕는다.

03 틀린 것만 고치면 된다

1 My friend likes <u>me</u>.

2 Do you miss <u>her</u>?

3 I can't find <u>you</u>.

4 You love <u>him</u>.

5 I know <u>them</u>.

04 순서만 맞추면 된다

1 His mom misses you.
그의 엄마는 너를 그리워한다.

2 You can't find her.
너는 그녀를 찾을 수 없다.

3 My dad loves me.
우리 아빠는 나를 사랑한다.

4 She helps us.
그녀는 우리를 돕는다.

05 문장만 만들면 된다

1 He knows us.

2 My grandma loves me.

3 Her grandpa misses her.

4 The police can't find him.

Grammar Rule 06

01 보고 고르기만 하면 된다

1 😊

2 🙁

3 🙁

4 😊

5 😊

6 🙁

02 단어만 넣으면 된다

1 This
이 사람은 나의 친구다.

2 They
그것들은 호랑이다.

3 These
나는 이것들을 좋아한다.

4 Those
저것들은 파인애플이다.

Grammar Rule + Review + Final Test

03 틀린 것만 고치면 된다

1. <u>This</u> is a piano.
2. <u>Those</u> are firefighters.
3. <u>Those</u> are horses.
4. <u>That</u> is yellow.

04 순서만 맞추면 된다

1. It is red.
   그것은 빨강색이다.
2. These are my gloves.
   이것들은 내 장갑이다.
3. I like that.
   나는 저것을 좋아한다.
4. This is a fish.
   이것은 물고기다.

05 문장만 만들면 된다

1. That is an orange.
2. They are pencils.
3. Those are yellow balloons.
4. That is a teddy bear.

Grammar Rule 07

01 보고 고르기만 하면 된다

1. 너의
2. 나의
3. 그녀의
4. 우리의
5. 그들의
6. 그의
7. 그것의
8. 너희들의

02 단어만 넣으면 된다

1. our
   저것은 우리 학교야.
2. Her
   그녀의 손은 커.
3. my
   이것은 나의 장난감이야.
4. his
   Sean는 그의 이름이야.

03 틀린 것만 고치면 된다

1. She likes <u>your</u> dog.
2. <u>My</u> bag is heavy.
3. <u>Her</u> car is so nice.
4. He knows <u>their</u> names.

04 순서만 맞추면 된다

1. Your feet are big.
   네 발은 크다.
2. I like his dog.
   나는 그의 개를 좋아한다.
3. This is your violin.
   이것은 너의 바이올린이다.
4. These are her shoes.
   이것들은 그녀의 신발이다.

05 문장만 만들면 된다

1. Her dress is so pretty.
2. It is your cake.
3. These are their balls.
4. Her fish is cute.

Grammar Rule + Review + Final Test

Grammar Rule 08

01 보고 고르기만 하면 된다

1. 그녀의 것
2. 그들의 것
3. 그것의 것
4. 나의 것
5. 우리의 것
6. 그의 것
7. 너의 것
8. 너희들의 것

02 단어만 넣으면 된다

1. **mine**
   이것들은 내 것이다.
2. **hers**
   그 티셔츠는 그녀의 것이다.
3. **theirs**
   저 장갑은 그들의 것이다.
4. **yours**
   저것은 너의 것이다.

03 틀린 것만 고치면 된다

1. This umbrella is <u>yours</u>.
2. That notebooks is <u>hers</u>.
3. These crayons are <u>ours</u>.
4. The doll is <u>his</u>.

04 순서만 맞추면 된다

1. **The egg is hers.**
   그 계란은 그녀의 것이다.
2. **This dog is yours.**
   이 개는 네 것이다.
3. **These cats are his.**
   이 고양이들은 그의 것이다.
4. **That house is hers.**
   저 집은 그녀의 것이다.

05 문장만 만들면 된다

1. This watch is his.
2. Those chairs are ours.
3. That sandwich is mine.
4. This skirt is hers.

Grammar Rule 09

01 보고 고르기만 하면 된다

1. the
2. a
3. a
4. a
5. the
6. an
7. a
8. the
9. an

02 단어만 넣으면 된다

1. **the**
   나는 달을 본다.
2. **an**
   우산이 하나 있다.
3. **The**
   태양이 밝다.
4. **an**
   그것은 계란이다.

03 틀린 것만 고치면 된다

1. There is <u>an</u> orange.
2. I see <u>a</u> girl.
3. <u>The</u> earth is sick.

4 Look! <u>The</u> sky is blue.

5 It is <u>a</u> rabbit.

04 순서만 맞추면 된다

1 There is a book.
책이 한 권 있다.

2 She is a singer.
그녀는 가수다.

3 There is a pen.
펜이 한 개 있다.

4 I want to touch the sky.
나는 하늘을 만지고 싶다.

05 문장만 만들면 된다

1 He is a doctor.

2 The earth is blue.

3 It is a purple umbrella.

4 That is an orange.

Review 02

A 그림과 알맞은 단어를 연결해 보세요.

1 this

2 these

3 that

4 those

B 다음 단어를 지시대로 바꿔 써보세요.

1 me

2 you

3 his

4 hers

5 they

6 its

7 you

8 ours

C a/an/the 중에 알맞은 단어를 넣어 문장을 완성해 보세요.

1 an
이것은 무엇이죠? 그건 오렌지예요.

2 a
그는 누구죠? 의사예요.

3 The
제 우산이 어디에 있죠? 그 우산은 탁자 위에 있어요.

4 an
무엇을 원하나요? 나는 사과 한 개를 원해요.

D 다음 문장에 알맞은 단어를 넣어 완성해 보세요.

1 me

2 These

3 The

4 our

5 Those

6 my

Grammar Rule 10

01 보고 고르기만 하면 된다

1 O
나는 Jennifer입니다.

2 X
그 아기는 키가 큽니다.

3 O
우리는 친구입니다.

4 O
그 테디 베어는 매우 부드럽다.

5 X
그 학생들은 집에 있다.

02 단어만 넣으면 된다

1 is
그녀는 Anne입니다.

2 am
나는 키가 큽니다.

3 are
당신은 친절합니다.

4 are
학생들이 학교에 있습니다.

03 틀린 것만 고치면 된다

1 I <u>am</u> at home.

2 She <u>is</u> sleepy.

3 Ben and Sally <u>are</u> busy.

4 They <u>are</u> my parents.

5 You <u>are</u> very kind.

04 순서만 맞추면 된다

1 We are friends.
우리는 친구입니다.

2 Billy is hungry.
Billy는 배가 고픕니다.

3 She is in the kitchen.
그녀는 부엌에 있습니다.

4 Your dress is pretty.
당신의 드레스는 귀엽습니다.

05 문장만 만들면 된다

1 I am a student.

2 She is pretty.

3 They are happy.

4 It is soft.

Grammar Rule 11

01 보고 고르기만 하면 된다

1 am not
나는 졸리지 않다.

2 is not
그것은 크지 않다.

3 is not
그는 약하지 않다.

4 are not
너는 뚱뚱하지 않다.

5 are not
우리는 간호사가 아니다.

6 are not
그 장미들은 갈색이 아니다.

02 단어만 넣으면 된다

1 is not
그녀는 뚱뚱하지 않다.

2 is not
그 이야기는 무섭지 않다.

3 are not
그들은 경찰이 아니다.

4 is not
그는 내 형제가 아니다.

03 틀린 것만 고치면 된다

1 I am <u>not</u> busy.

2 He <u>is not</u> my teacher.

3 She <u>is</u> not a dancer.

4 Betty <u>is</u> not weak.

5 We <u>are</u> not hungry.

04 순서만 맞추면 된다

1 I am not fat.
나는 뚱뚱하지 않다.

2 She is not a doctor.
그녀는 의사가 아니다.

3 They are not American.
그들은 미국인이 아니다.

4 It is not big.
그것은 크지 않다.

05 문장만 만들면 된다

1 I am not busy.

2 She is not short.

3 Henry is not angry.

Grammar Rule + Review + Final Test

④ The chairs are not hard.

01 보고 고르기만 하면 된다

① Is she a nurse?
그녀는 간호사인가요? 네, 그렇습니다.

② Is she short?
그녀는 키가 작은가요? 아니요, 그렇지 않습니다.

③ Am I late?
제가 늦었나요? 네, 그렇습니다.

④ Is it hot?
그것이 뜨거운가요? 아니요, 그렇지 않습니다.

⑤ Are they happy?
그들은 행복한가요? 네, 그렇습니다.

02 단어만 넣으면 된다

① Am
제가 늦었나요?

② Are
당신은 피곤한가요?

③ Are
그들은 요리사인가요?

④ Is
그것은 차가운가요?

03 틀린 것만 고치면 된다

① Are you Peter?

② Is your brother tall?

③ Are they police officers?

④ Is your sister busy?

⑤ Is your friend nice?

04 순서만 맞추면 된다

① Are they doctors?
그들은 의사인가요?

② Is he Chinese?
그는 중국사람인가요?

③ Is it your book?

그것은 당신의 책인가요?
④ Is Amy a singer?
Amy는 가수인가요?

05 문장만 만들면 된다

① Is this your desk?

② Is she from America?

③ Are they happy?

④ Is she a nurse?

01 보고 고르기만 하면 된다

① 개미가 한 마리 있다.

② 소년이 한 명 있다.

③ 말이 한 마리 있다.

④ 지우개가 한 개 있다.

⑤ 몇 마리의 앵무새가 있다.

⑥ 연필이 한 자루 있다.

⑦ 기린이 한 마리 있다.

⑧ 몇 명의 소녀가 있다.

⑨ 원숭이가 한 마리 있다.

02 단어만 넣으면 된다

① is
토끼가 한 마리 있다.

② are
두 명의 사람이 있다.

③ are
세 마리의 원숭이가 있다.

④ is
사과가 한 개 있다.

Grammar Rule + Review + Final Test

03 틀린 것만 고치면 된다

1. There <u>are</u> some boys.
2. There <u>is</u> an orange.
3. There <u>are</u> some girls.
4. There <u>are</u> many monkeys.
5. There <u>are</u> some giraffes.

04 순서만 맞추면 된다

1. **There is a parrot.**
   앵무새가 한 마리 있다.
2. **There is a snowman.**
   눈사람이 하나 있다.
3. **There is a pen.**
   펜이 한 개 있다.
4. **There are two erasers.**
   지우개 두 개가 있다.

05 문장만 만들면 된다

1. **There are three monkeys.**
2. **There are some boys.**
3. **There are many dogs.**
4. **There is a pencil.**

Review 03

A 그림과 알맞은 문장을 연결해 보세요.

1. **The baby is not sleepy.**
   아기가 졸리지 않아요.
2. **I am not hungry.**
   나는 배고프지 않아요.
3. **There are five apples.**
   사과 5개가 있어요.
4. **The blue cushion is soft.**
   파란색 쿠션은 부드러워요.

B 문장에 알맞은 단어를 넣어 문장을 완성해 보세요.

1. is
2. am
3. is
4. Is
5. aren't

C 대화문에 알맞은 단어를 넣어 문장을 완성해 보세요.

1. **Are**
   당신은 바빠요? 네, 그렇습니다.
2. **Is**
   그는 과학자인가요? 아니요, 그렇지 않습니다.
3. **isn't**
   그녀는 집에 있나요? 아니요, 그렇지 않습니다.
4. **are**
   그들은 의사인가요? 네, 그렇습니다.

D 다음 문장을 지시에 따라 긍정문, 부정문, 의문문으로 바꿔 써 보세요.

1. 부정문: **I am not hungry.**
   나는 배고프지 않습니다.
   의문문: **Am I hungry?**
   내가 배가 고픈가요?
2. 부정문: **The movie is not fun.**
   그 영화는 재미있지 않습니다.
   의문문: **Is the movie fun?**
   그 영화가 재미있나요?
3. 긍정문: **It is your bag.**
   그것은 당신의 가방입니다.
   부정문: **It isn't your bag.**
   그것은 당신의 가방이 아닙니다.
4. 부정문: **Tom and Kane aren't brothers.**
   Tom과 Kane은 형제가 아닙니다.
   의문문: **Are Tom and Kane brothers?**
   Tom과 Kane은 형제입니까?

Grammar Rule 14

01 보고 고르기만 하면 된다

1. **lives**
   그녀는 아프리카에 산다.
2. **likes**
   그는 치킨을 좋아한다.
3. **smile**
   그들은 아기에게 미소를 짓는다.
4. **eat**
   우리는 매일 아침에 아침식사를 한다.
5. **jumps**
   개구리는 높이 뛴다.

Grammar Rule + Review + Final Test

02 단어만 넣으면 된다

1 like
그들은 국수를 좋아한다.

2 runs
그는 빨리 뛴다.

3 look
나는 매일 하늘을 본다.

4 lives
Anna는 뉴욕에 산다.

03 틀린 것만 고치면 된다

1 He always <u>smiles</u> at his grandma.

2 They <u>walk</u> fast.

3 Ben <u>eats</u> breakfast every day.

4 The man <u>cuts</u> a big fish very well.

5 I <u>play</u> soccer after school.

04 순서만 맞추면 된다

1 He dances well.
그는 춤을 잘 춘다.

2 We read books.
우리는 책을 읽는다.

3 She drinks milk.
그녀는 우유를 마신다.

4 We sing together.
우리는 함께 노래를 부른다.

05 문장만 만들면 된다

1 I like apples.

2 I write a letter every day.

3 The kangaroo jumps high.

4 Rachel runs fast.

Grammar Rule 15

01 보고 고르기만 하면 된다

1 has
그는 요요를 갖고 있다.

2 studies
그녀는 매일 수학 공부를 한다.

3 watches
Sarah는 업무 후 TV를 본다.

4 washes
아빠는 설거지를 잘한다.

5 fixes
Lucas는 차를 잘 고친다.

6 carries
그 기차는 사람들을 운반한다.

02 단어만 넣으면 된다

1 comes
Sarah는 일찍 온다.

2 do
나는 숙제를 밤에 한다.

3 studies
그녀는 공부를 열심히 한다.

4 watches
나의 삼촌은 저녁식사 후에 TV를 본다.

03 틀린 것만 고치면 된다

1 The plane <u>carries</u> people.

2 My dad <u>fixes</u> the car well.

3 She <u>washes</u> the dishes after dinner.

4 The boy <u>has</u> a robot.

5 My mom <u>likes</u> bananas.

04 순서만 맞추면 된다

1 He washes his hair well.
그는 머리를 잘 감는다.

2 The man catches fish every day.
그 남자는 매일 물고기를 잡는다.

3 Sophia wants ice cream.
Sophia는 아이스크림을 원한다.

4 The cat climbs the tree.
그 고양이가 그 나무를 오른다.

Grammar Rule + Review + Final Test

05 문장만 만들면 된다

1. She comes early in the morning.
2. Sam carries a cart every day.
3. My sister studies hard.
4. We watch a movie together.

Grammar Rule 16

01 보고 고르기만 하면 된다

1. **don't study**
   나는 수학 공부를 하지 않는다.
2. **don't sell**
   그들은 피자를 팔지 않는다.
3. **doesn't like**
   그녀는 단 음식을 좋아하지 않는다.
4. **doesn't have**
   그는 스마트폰을 갖고 있지 않는다.
5. **don't buy**
   우리는 아이스크림을 사지 않는다.
6. **doesn't have**
   그것은 다리를 갖고 있지 않는다.

02 단어만 넣으면 된다

1. **doesn't**
   그는 과일을 먹지 않는다.
2. **don't**
   나는 매운 음식을 좋아하지 않는다.
3. **doesn't**
   Emily는 안경을 끼지 않는다.
4. **don't**
   그들은 핫도그를 먹지 않는다.

03 틀린 것만 고치면 된다

1. I <u>don't</u> drive a car at night.
2. We <u>don't</u> buy cola.
3. She doesn't <u>eat</u> meat.
4. He doesn't <u>play</u> tennis.
5. Mia <u>doesn't</u> ride a bike.

04 순서만 맞추면 된다

1. He does not drink tea.
   그는 차를 마시지 않는다.
2. She does not listen to the radio.
   그녀는 라디오를 듣지 않는다.
3. I do not have a pencil.
   나는 연필을 갖고 있지 않다.
4. We do not run fast.
   우리는 빨리 뛰지 않는다.

05 문장만 만들면 된다

1. He doesn't eat vegetables.
2. We don't watch TV at night.
3. They don't sell fruit.
4. I don't ride a bike.

Grammar Rule 17

01 보고 고르기만 하면 된다

1. Do you like broccoli?
   당신은 브로컬리를 좋아하나요?
2. Do they play baseball?
   그들은 야구를 하나요?
3. Does the owl sleep at night?
   부엉이는 밤에 자나요?
4. Does she have mittens?
   그녀는 벙어리 장갑을 갖고 있나요?
5. Does he need water?
   그는 물이 필요한가요?

02 단어만 넣으면 된다

1. **Do**
   당신은 매일 커피를 마시나요?
2. **Does**
   그는 운동을 하나요?
3. **Does**
   그녀는 테니스를 잘 치나요?
4. **Do**
   그들은 장갑을 갖고 있나요?

Grammar Rule + Review + Final Test

03 틀린 것만 고치면 된다

1. Does he <u>have</u> a ball?

2. <u>Do</u> you listen to music?

3. <u>Does</u> the dog eat watermelon?

4. Do we <u>need</u> water?

5. <u>Does</u> she play basketball?

04 순서만 맞추면 된다

1. Do you like chicken?
   너 치킨 좋아하니?

2. Does he sleep well at night?
   그는 밤에 잘 자나요?

3. Does he drive a car?
   그는 차를 운전하나요?

4. Do they live in Japan?
   그들은 일본에 사나요?

05 문장만 만들면 된다

1. Does he sell ice cream?

2. Does she like pizza?

3. Do they watch TV at night?

4. Does Kate have a blue pen?

Review 04

A 그림과 알맞은 문장을 연결해 보세요.

1. They don't buy bread.
   그들은 빵을 사지 않는다.

2. Jack and I don't ride a bike.
   Jack과 나는 자전거를 타지 않는다.

3. She has nice sunglasses.
   그녀는 멋진 선글라스를 갖고 있다.

4. He reads books every day.
   그는 매일 책을 읽는다.

B 문장에 알맞은 단어를 넣어 문장을 완성해 보세요.

1. runs

2. study

3. doesn't

4. eat

5. don't

C 대화문에 알맞은 단어를 넣어 문장을 완성해 보세요.

1. Do
   배트 있나요? 아니요, 없어요.

2. does
   그가 떠나나요? 네, 그래요.

3. do
   야구 하시나요? 네, 해요.

4. Does
   그녀는 음악을 듣나요? 네, 들어요.

D 다음 문장을 지시에 따라 긍정문, 부정문, 의문문으로 바꿔 써 보세요.

1. 부정문: We don't need sneakers.
   우리는 운동화가 필요하지 않아요.
   의문문: Do we need sneakers?
   우리가 운동화를 필요로 하나요?

2. 부정문: Jack doesn't fix TVs.
   Jack은 TV를 고치지 않아요.
   의문문: Does Jack fix TVs?
   Jack이 TV를 고치나요?

3. 긍정문: She cleans her room.
   그녀는 그녀의 방을 청소해요.

4. 부정문: They don't buy coffee.
   그들은 커피를 사지 않아요.
   의문문: Do they buy coffee?
   그들은 커피를 사나요?

Grammar Rule 18

01 보고 고르기만 하면 된다

1. O
   그는 테니스를 칠 수 있다.

2. X
   그녀는 자전거를 탈 수 있다.

3. O
   그녀는 영어를 할 수 있다.

4. X
   Tom은 피아노를 칠 수 있다.

5. O
   그들은 점심을 먹을 수 있다.

Grammar Rule + Review + Final Test

02 문장만 바꾸면 된다

1. **I can play the guitar.**
   나는 기타를 칠 수 있다.
2. **She can swim in the sea.**
   그녀는 바다에서 수영을 할 수 있다.
3. **It can run fast.**
   그것은 빨리 달릴 수 있다.
4. **You can go to the park.**
   너는 공원에 가도 좋다.

03 틀린 것만 고치면 된다

1. **I <u>can play</u> the violin.**
2. **She <u>can</u> eat dinner.**
3. **They <u>can</u> play tennis.**
4. **Jen can <u>call</u> him today.**
5. **We <u>can</u> speak Chinese.**

04 순서만 맞추면 된다

1. **Mr. Lee can swim.**
   Mr. Lee는 수영을 할 수 있다.
2. **I can ride a bike.**
   나는 자전거를 탈 수 있다.
3. **Geese can fly.**
   거위는 날 수 있다.
4. **She can run fast.**
   그녀는 빨리 뛸 수 있다.

05 문장만 만들면 된다

1. **You can go home now.**
2. **He can park here.**
3. **I can climb a tree.**
4. **She can speak French.**

Grammar Rule 19

01 보고 고르기만 하면 된다

1. **can't play**
   나는 바이올린을 연주할 수 없다.

2. **can't close**
   그녀는 문을 닫을 수 없다.
3. **can't fly**
   그것은 날 수 없다.
4. **can't run**
   너는 도서관에서 뛰어선 안 된다.
5. **can't run**
   그는 빨리 뛸 수 없다.

02 문장만 바꾸면 된다

1. **She can't run in the library.**
   그녀는 도서관에서 뛰어선 안 된다.
2. **I can't play basketball.**
   나는 농구를 할 수 없다.
3. **Jin can't watch TV.**
   Jin은 TV를 봐선 안 된다.
4. **It can't swim well.**
   그것은 수영을 잘 할 수 없다.

03 틀린 것만 고치면 된다

1. **I <u>can't</u> play the piano.**
2. **She can't <u>jump</u> high.**
3. **You <u>can't run</u> in the room.**
4. **He can't <u>watch</u> TV.**
5. **Andy can't <u>swim</u>.**

04 순서만 맞추면 된다

1. **I can't speak English.**
   나는 영어를 말할 수 있다.
2. **You can't sleep here.**
   너는 여기서 자서는 안 된다.
3. **Penguins can't fly.**
   펭귄은 날 수 없다.
4. **You can't use my bike.**
   너는 내 자전거를 사용해선 안 된다.

05 문장만 만들면 된다

1. **He can't drive a car.**
2. **She can't close the door.**
3. **They can't play ukulele.**
4. **You can't go to the party.**

Grammar Rule + Review + Final Test

Grammar Rule 20

01 보고 고르기만 하면 된다

1. No, I can't.
   수영을 할 수 있나요? 아니요, 할 수 없어요.
2. Yes, you can.
   지금 주문할 수 있나요? 네, 할 수 있어요.
3. No, she can't.
   그녀는 버스를 운전할 수 있나요? 아니요, 할 수 없어요.
4. Yes, he can.
   그는 높이 뛸 수 있나요? 네, 할 수 있어요.
5. No, you can't.
   창문을 열어도 될까요? 아니요, 안 돼요.

02 문장만 바꾸면 된다

1. Can he order now?
   그가 지금 주문해도 될 까요?
2. Can you drive a truck?
   당신은 트럭을 운전할 수 있나요?
3. Can Julie close the door?
   Julie는 문을 닫을 수 있나요?
4. Can they swim in the sea?
   그들은 바다에서 수영을 할 수 있나요?

03 틀린 것만 고치면 된다

1. Can she ride a bike?
2. Can he drink some milk?
3. Can we open the window?
4. Can it climb a tree?
5. Can I ask a question?

04 순서만 맞추면 된다

1. Can I open the box?
   제가 상자를 열어도 될까요?
2. Can Chris come in?
   Chris가 들어와도 될까요?
3. Can he play the drums?
   그가 드럼을 쳐도 될까요?
4. Can it fly?
   그것은 날 수 있나요?

05 문장만 만들면 된다

1. Can I use the bathroom?
2. Can I park here?
3. Can I drink some juice?
4. Can he speak Japanese?

Grammar Rule 21

01 보고 고르기만 하면 된다

1. X
   버스를 타도 좋아.
2. O
   방에서 자도 좋아.
3. O
   그녀는 컴퓨터 게임을 해도 좋아.
4. X
   내일 비가 올지 몰라.
5. O
   피아노를 쳐도 좋아.

02 문장만 바꾸면 된다

1. You may watch TV.
   TV를 봐도 좋아.
2. It may snow here in May.
   이곳에는 5월에 눈이 올지 몰라.
3. He may talk to her now.
   그가 지금 그녀에게 이야기할지 몰라.
4. The test may be easy.
   그 시험을 쉬울지 몰라.

03 틀린 것만 고치면 된다

1. Judy may leave soon.
2. You may sleep in my room.
3. She may win the game.
4. Dad may come early today.
5. It may snow today.

Grammar Rule + Review + Final Test

04 순서만 맞추면 된다

1. **You may use this pen.**
   너는 이 펜을 사용해도 좋다.
2. **I may arrive early.**
   나는 일찍 도착할지 모른다.
3. **It may be sunny today.**
   오늘 날씨가 화창할지 모른다.
4. **You may change your password.**
   너는 비밀번호를 바꿔도 좋다.

05 문장만 만들면 된다

1. **The test may be difficult.**
2. **I may be late for class.**
3. **She may sleep on the sofa.**
4. **He may wake up late.**

Grammar Rule 22

01 보고 고르기만 하면 된다

1. **may not borrow**
   이 연필들을 빌려서는 안 된다.
2. **may not be**
   Sam은 늦지 않을지 모른다.
3. **may not dance**
   이 방에서 춤을 춰서는 안 된다.
4. **may not go**
   그는 우리와 함께 가도 좋다.
5. **may not use**
   그가 내 핸드폰을 사용해서 안 된다.
6. **may not have**
   너는 점심 전에 간식을 먹어선 안 된다.

02 문장만 바꾸면 된다

1. **You may not go outside.**
   너는 밖에 나가서는 안 된다.
2. **You may not ride my bike.**
   너는 내 자전거를 타서는 안 된다.
3. **It may not be windy today.**
   오늘은 바람이 불지 않지도 모른다.
4. **You may not sit here.**
   너는 여기에서는 앉으면 안 된다.

03 틀린 것만 고치면 된다

1. **You <u>may not go</u> home.**
2. **Gray <u>may</u> not eat dinner.**
3. **Ted may not <u>like</u> this ball.**
4. **She may not <u>leave</u> early.**
5. **You may not <u>dance</u> in class.**

04 순서만 맞추면 된다

1. **You may not ride a horse.**
   너는 말을 타서는 안 된다.
2. **It may not be snowy today.**
   오늘은 눈이 안 올지 모른다.
3. **You may not use my phone.**
   너는 내 핸드폰을 사용해선 안 된다.
4. **She may not watch TV.**
   그녀는 TV를 보지 않지 모른다.

05 문장만 만들면 된다

1. **He may not eat breakfast.**
2. **She may not arrive early.**
3. **You may not go to the classroom.**
4. **They may not finish their homework.**

Grammar Rule 23

01 보고 고르기만 하면 된다

1. **May I speak to Sally?**
   Sally와 통화할 수 있을까요? 네, 그래요.
2. **May I take your order?**
   주문을 받을 수 있을까요? 네, 그러세요.
3. **May I eat your lunch?**
   당신의 점심을 내가 먹어도 될까요? 아니요, 그러면 안돼요.
4. **May I open the window?**
   내가 상자를 열어도 될까요? 네, 그러세요.
5. **May I buy this?**
   이것을 사도 될까요? 네, 그러세요.

Grammar Rule + Review + Final Test

02 문장만 바꾸면 된다

1. **May I go home at 3:00?**
   내가 3시에 집에 가도 될까요?
2. **May I speak to him?**
   제가 그와 통화할 수 있을까요?
3. **May I open the box?**
   내가 창문을 열어도 될까요?
4. **May I use your pen?**
   제가 당신의 펜을 사용해도 될까요?

03 틀린 것만 고치면 된다

1. May I <u>ask</u> a question?
2. May I <u>read</u> your book?
3. May I <u>play</u> outside?
4. May I <u>sit down</u>?
5. May I <u>eat</u> your cake?

04 순서만 맞추면 된다

1. **May I borrow your eraser?**
   내가 네 지우개를 빌릴 수 있을까?
2. **May I play with you?**
   내가 너와 놀아도 될까?
3. **May I buy this bag?**
   내가 이 가방을 사도 될까?
4. **May I stay here?**
   내가 여기 머물러도 될까?

05 문장만 만들면 된다

1. May I play the piano?
2. May I drink some milk?
3. May I watch a movie?
4. May I read a book?

Grammar Rule 24

01 보고 고르기만 하면 된다

1. **must be**
   그들은 도서관에서 조용히 해야만 한다.
2. **must be**
   오늘은 틀림없이 눈이 올 것이다.
3. **must be**
   그 아이들은 행복한 것이 틀림없다.
4. **must study**
   그녀는 열심히 공부해야만 한다.
5. **must be**
   그는 배우가 틀림없다.
6. **must wait**
   너는 네 순서를 기다려야만 한다.

02 문장만 바꾸면 된다

1. **She must be quiet in class.**
   그녀는 수업 중에 조용해야만 한다.
2. **They must be very happy.**
   그들은 매우 행복한 것이 틀림없다.
3. **He must be a firefighter.**
   그는 소방관이 틀림없다.
4. **You must finish your homework.**
   너는 숙제를 끝마쳐야만 한다.

03 틀린 것만 고치면 된다

1. Ann must <u>help</u> me.
2. She <u>must</u> wait for her turn.
3. They <u>must arrive</u> at 10:00.
4. He must <u>wear</u> a winter coat.
5. She must <u>be</u> very sleepy.

04 순서만 맞추면 된다

1. **It must be windy.**
   바람이 부는 것이 틀림없어.
2. **He must wait for her.**
   그는 그녀를 기다려야만 해.
3. **He must be a chef.**
   그는 요리사가 틀림없다.
4. **You must study English.**
   너는 영어를 공부해야만 한다.

Grammar Rule + Review + Final Test

05 문장만 만들면 된다

1. I must practice the violin.
2. You must wear boots.
3. It must rain next week.
4. She must be rich.

Grammar Rule 25

01 보고 고르기만 하면 된다

1. **must not be late**
   너는 수업에 늦으면 안 된다.
2. **must not eat**
   Jack은 너무 많은 패스트푸드를 먹어서는 안 된다.
3. **must not sleep**
   Sarah는 추운데 잠을 자서는 안 된다.
4. **must not run**
   너는 길에서 뛰어서는 안 된다.
5. **must not tell**
   그녀가 거짓말을 해서는 안 된다.
6. **must not chew**
   Bob은 수업 중에 껌을 씹어서는 안 된다.

02 문장만 바꾸면 된다

1. **She must not tell a lie.**
   그녀는 거짓말을 해서는 안 된다.
2. **You must not run in the subway.**
   너는 지하철에서 뛰어서는 안 된다.
3. **You must not talk in class.**
   너는 수업 중에 말해서는 안 된다.
4. **They must not be late for the meeting.**
   그들은 회의에 늦어서는 안 된다.

03 틀린 것만 고치면 된다

1. They <u>must not fight</u> each other.
2. She <u>must</u> not play computer games.
3. He must not <u>run</u> in the library.
4. John <u>must not</u> make noise.
5. You <u>must not</u> watch TV.

---

04 순서만 맞추면 된다

1. **I must not eat eggs.**
   나는 계란을 먹어서는 안 된다.
2. **Billy must not go home.**
   Billy는 집에 가서는 안 된다.
3. **She must not sleep.**
   그녀는 잠을 자서는 안 된다.
4. **He must not make noise.**
   그는 소음을 내서는 안 된다.

05 문장만 만들면 된다

1. You must not wear a hat.
2. She must not forget her homework.
3. You must not fight with your brother.
4. I must not eat hamburgers.

Grammar Rule 26

01 보고 고르기만 하면 된다

1. **has to**
   그는 장갑을 껴야만 해.
2. **have to**
   너는 7시 전에 거기 있어야 해.
3. **has to**
   그녀는 지하철을 타야만 해.
4. **have to**
   너는 수학을 공부할 필요가 없어.
5. **has to**
   그는 방을 청소해야만 해.

02 문장만 바꾸면 된다

1. **I have to take the bus.**
   나는 버스를 타야만 해.
2. **He has to study English today.**
   그는 오늘 영어를 공부해야만 해.
3. **You have to read many books.**
   너는 많은 책을 읽어야만 해.
4. **She has to save electricity.**
   그녀는 전기를 아껴야만 해.

03 틀린 것만 고치면 된다

① I **don't** have to eat lunch.

② She **doesn't** have to play the piano.

③ You **have to** wait for me.

④ Beth **has to** study math.

⑤ He **doesn't** have to clean.

04 순서만 맞추면 된다

① You don't have to go home.
너는 집에 갈 필요 없어.

② She has to ride a bike.
그녀는 자전거를 타야만 해.

③ He has to be quiet.
그는 조용히 해야만 해.

④ I don't have to spend money.
나는 돈을 쓸 필요가 없어.

05 문장만 만들면 된다

① I have to go to the hospital.

② She doesn't have to buy a coat.

③ You don't have to call.

④ She has to arrive at 7.

Review 05

A 그림과 알맞은 문장을 연결해 보세요.

① She can't swim.
그녀는 수영을 할 수 없다.

② You must be quiet in the library.
너는 도서관에서 조용히 해야 한다.

③ It may rain today.
오늘은 비가 올지 모른다.

④ We have to save electricity.
우리는 전기를 아껴야 한다.

B 문장에 알맞은 단어를 넣어 문장을 완성해 보세요.

① don't have to

② can

③ may not

④ have to / must

⑤ must not

C 대화문에 알맞은 단어를 넣어 문장을 완성해 보세요.

① can
제가 문을 열어도 되나요? 네, 그러세요.

② not
컴퓨터 게임을 해도 될까요? 아니요, 하면 안돼요.

③ cannot
지금 건너도 될까요? 아니요, 건너면 안돼요.

④ Yes
제 숙제를 끝내야 할까요? 네, 그러세요.

D 다음 문장을 지시에 따라 긍정문, 부정문, 의문문으로 바꿔 써 보세요.

① 부정문: **You cannot swim.**
너는 수영을 할 수 없다.
의문문: **Can you swim?**
너는 수영을 할 수 있니?

② 긍정문: **I may take a bus.**
나는 버스를 탈지 몰라.

③ 부정문: **They must not run in the room.**
그들은 방에서 뛰어선 안돼.

④ 부정문: **She doesn't have to wear a hat.**
그녀가 모자를 쓸 필요는 없어.

⑤ 부정문: **I must not speak to him now.**
나는 지금 그에게 이야기해서는 안돼.

Grammar Rule 27

01 보고 고르기만 하면 된다

① O
그녀는 선글라스를 껴야 한다.

② X
너는 치과에 가야 한다.

③ O
그는 서둘러야 한다.

④ O
그들은 줄을 서야 한다.

⑤ O
James는 도서관에서 조용해야 한다.

Grammar Rule + Review + Final Test

02 문장만 바꾸면 된다

1. **You should wear a coat.**
   너는 코트를 입어야 한다.
2. **I should see a doctor.**
   나는 의사를 봐야 한다.
3. **She should stand in line.**
   그녀는 줄을 서야 한다.
4. **We should follow the rules.**
   우리는 규칙을 따라야 한다.

03 틀린 것만 고치면 된다

1. **He <u>should</u> be quiet.**
2. **You should <u>hurry</u> up.**
3. **She should <u>drink</u> water.**
4. **They should <u>stay</u> home.**
5. **Lucy <u>should save</u> money.**

04 순서만 맞추면 된다

1. **You should leave now.**
   너는 지금 떠나야 한다.
2. **He should exercise.**
   그는 운동해야 한다.
3. **I should go home.**
   나는 집에 가야 한다.
4. **We should get up early.**
   우리는 일찍 일어나야 한다.

05 문장만 만들면 된다

1. **You should wear a coat.**
2. **They should run fast.**
3. **We should save energy.**
4. **She should buy a book.**

Grammar Rule 28

01 보고 고르기만 하면 된다

1. **should not jump**
   Jack이 여기서 뛰면 안 된다.
2. **should not walk**
   그녀는 빨리 걸으면 안 된다.
3. **should not climb**
   그들이 나무를 올라서는 안 된다.
4. **should not break**
   너는 창문을 깨면 안 된다.
5. **should not eat**
   그녀는 패스트푸드를 먹으면 안 된다.
6. **should not make noise**
   그는 버스에서 시끄럽게 하면 안 된다.

02 문장만 바꾸면 된다

1. **You should not run fast.**
   너는 빨리 뛰면 안 된다.
2. **He should not wear a hat.**
   그는 모자를 쓰면 안 된다.
3. **She should not climb a mountain.**
   그녀는 산을 오르면 안 된다.
4. **We should not eat meat.**
   우리는 고기를 먹으면 안 된다.

03 틀린 것만 고치면 된다

1. **They should not <u>jump</u> here.**
2. **He shouldn't <u>lie</u> to his teachers.**
3. **We shouldn't <u>make</u> noise here.**
4. **I <u>should</u> not play computer games.**
5. **You should not <u>park</u> here.**

04 순서만 맞추면 된다

1. **You should not sleep in class.**
   수업시간에 자면 안 된다.
2. **He should not use a phone.**
   그는 전화를 사용해선 안 된다.
3. **They should not go now.**
   그들은 지금 가선 안 된다.
4. **We should not touch it.**
   우리는 그것을 만져선 안 된다.

Grammar Rule + Review + Final Test

05 문장만 만들면 된다

1. He should not stop here.
2. You should not go alone.
3. She should not take an online class.
4. We should not eat fast food.

Grammar Rule 29

01 보고 고르기만 하면 된다

1. Should I run fast?
   내가 빨리 뛰어야 할까?
2. Should he exercise?
   그는 운동해야 할까?
3. Should she close the window?
   그녀는 창문을 닫아야 할까?
4. Should he leave now?
   그가 지금 떠나야 할까?
5. Should they stop at the red light?
   그들은 빨간 불에 멈춰야 할까?

02 문장만 바꾸면 된다

1. Should I go fast?
   제가 빨리 가야 하나요?
2. Should he leave now?
   그가 지금 떠나야 하나요?
3. Should I take a rest?
   내가 쉬어야 하나요?
4. Should we use emails?
   우리가 이메일을 사용해야 하나요?

03 틀린 것만 고치면 된다

1. Should I <u>play</u> the piano?
2. Should she <u>go</u> to the bank?
3. Should we <u>buy</u> a table?
4. Should <u>they take</u> a bus?
5. Should Tom <u>wash</u> his hands?

04 순서만 맞추면 된다

1. Should I finish my homework?
   제가 숙제를 끝내야 하나요?
2. Should she leave now?
   그녀가 지금 떠나야 하나요?
3. Should he close the door?
   그가 문을 닫아야 하나요?
4. Should we help other people?
   우리가 다른 이들을 도와야 하나요?

05 문장만 만들면 된다

1. Should she stop here?
2. Should we take the subway?
3. Should they open the window?
4. Should I read the book?

Grammar Rule 30

01 보고 고르기만 하면 된다

1. have
   우리는 내일 파티를 할 거예요.
2. go
   나는 극장에 갈 거예요.
3. swim
   그들은 방과후 수영을 할 거예요.
4. win
   그녀는 게임에 이길 거예요.
5. join
   Steve는 북클럽에 참여할 거예요.

02 문장만 바꾸면 된다

1. I will buy a computer.
   나는 컴퓨터를 살 거예요.
2. He will come to my house.
   그는 우리 집에 올 거예요.
3. She will get up early.
   그녀는 일찍 일어날 거예요.
4. We will go to the lake.
   우리는 호수에 갈 거예요.

Grammar Rule + Review + Final Test

03 틀린 것만 고치면 된다

1. The kids will <u>swim</u> after school.
2. She <u>will have</u> a birthday party.
3. My family will <u>go</u> hiking.
4. He will <u>take</u> a bus.
5. I will <u>go</u> to Paris soon.

04 순서만 맞추면 된다

1. I will join a science club.
   나는 과학 클럽에 참여할 거예요.
2. We will visit a museum.
   우리는 박물관을 방문할 거예요.
3. Emily will take an umbrella.
   Emily는 우산을 가져갈 거예요.
4. Our team will win the game.
   우리 팀은 그 게임을 이길 거예요.

05 문장만 만들면 된다

1. I will meet him soon.
2. You will love the movie.
3. She will call you.
4. We will read a book.

Grammar Rule 31

01 보고 고르기만 하면 된다

1. will not visit
   나는 동물원을 방문하지 않을 것이다.
2. will not rain
   내일은 비가 내리지 않을 것이다.
3. will not go
   그는 공원에 가지 않을 것이다.
4. will not talk
   그녀는 수업 중 이야기하지 않을 것이다.
5. will not bring
   우리는 책을 가져오지 않을 것이다.
6. will not take
   그들은 기차를 타지 않을 것이다.

02 문장만 바꾸면 된다

1. We will not attend the class tomorrow.
   우리는 내일 그 수업에 참석하지 않을 것이다.
2. I will not ride a bike.
   나는 자전거를 타지 않을 것이다.
3. She will not love the concert.
   그녀는 그 콘서트를 좋아할 것이다.
4. They will not lose the game.
   그들은 그 게임을 지지 않을 것이다.

03 틀린 것만 고치면 된다

1. I will not <u>go</u> to the library.
2. It <u>will not</u> rain tomorrow.
3. She will not <u>eat</u> chocolate.
4. We will not <u>go</u> there.
5. He will not <u>call</u> you today.

04 순서만 맞추면 된다

1. I will not eat donuts.
   나는 도넛을 먹지 않을 것이다.
2. She will not talk in the theater.
   그녀는 극장에서 말하지 않을 것이다.
3. He will not visit the museum.
   그는 박물관을 방문하지 않을 것이다.
4. They will not bring their lunch boxes.
   그들은 점심 도시락을 가져오지 않을 것이다.

05 문장만 만들면 된다

1. We will not take a taxi.
2. It will not rain tomorrow.
3. He will not visit them today.
4. I will not go to the park.

Grammar Rule + Review + Final Test

01 보고 고르기만 하면 된다

1 **No, it won't.**
날씨가 화창 할 까요?

2 **Yes, I will.**
저를 도와 주시겠어요?

3 **Yes, they will.**
그들이 노래를 부를까요?

4 **Yes, he will.**
그가 케이크를 구울까요?

5 **No, she won't.**
소녀가 집에 머물까요?

02 문장만 바꾸면 된다

1 **Will she have a party?**
그녀가 파티를 열까요?

2 **Will he make lunch for me?**
그가 나를 위해 점심을 할까요?

3 **Will we sing the song together?**
그들이 그 노래를 함께 부를까요?

4 **Will they exercise?**
그들이 운동을 할까요?

03 틀린 것만 고치면 된다

1 **Will the plane <u>arrive</u> soon?**

2 **<u>Will</u> he eat lunch?**

3 **Will <u>they come</u> here?**

4 **Will she <u>go</u> to bed early?**

5 **Will they <u>study</u> hard?**

04 순서만 맞추면 된다

1 **Will you go to the bakery?**
빵집에 갈 건가요?

2 **Will it snow tomorrow?**
내일 비가 올까요?

3 **Will she like the gift?**
그녀가 그 선물을 좋아할까요?

4 **Will he call her tomorrow?**
그가 내일 그녀에게 전화 할까요?

05 문장만 만들면 된다

1 **Will she ride a bike?**

2 **Will he ski tomorrow?**

3 **Will you finish your homework?**

4 **Will they play golf?**

Review 06

A 그림과 알맞은 문장을 연결해 보세요.

1 **I will go fishing.**
나는 낚시를 갈 거예요.

2 **I should hurry up.**
나는 서둘러야 해요.

3 **My team will win the game.**
우리 팀이 그 경기를 이길 거예요.

4 **We shouldn't make noise here.**
여기서 소음을 내서는 안 돼요.

B 문장에 알맞은 단어를 넣어 문장을 완성해 보세요.

1 **will**

2 **should not**

3 **should**

4 **will**

5 **will not**

C 대화문에 알맞은 단어를 넣어 문장을 완성해 보세요.

1 **will**
숙제를 끝내 주겠니? 네, 그럴게요.

2 **Should**
그들이 여기서 멈춰야 하나요? 아니요. 그럼 안 돼요.

3 **will**
그들이 함께 놀까요? 네, 그럴 거예요.

4 **Should**
그녀가 운동해야 하나요? 네, 그래요.

Grammar Rule + Review + Final Test

D 다음 문장을 지시에 따라 긍정문, 부정문, 의문문으로 바꿔 써 보세요.

1 부정문 : **She should not come home early.**
그녀는 집에 일찍 와서는 안 된다.
의문문 : **Should she come home early?**
그녀는 집에 일찍 와야 하나요?

2 부정문 : **It will not snow tomorrow.**
내일은 눈이 안 올 것이다.
의문문 : **Will it snow tomorrow?**
내일 눈이 올까요?

3 부정문 : **They should not hurry up.**
그들은 서둘러서는 안 된다.
의문문 : **Should they hurry up?**
그들이 서둘러야 할까요?

4 부정문 : **He will not visit the zoo.**
그는 동물원을 방문하지 않을 것이다.
의문문 : **Will he visit the zoo?**
그가 동물원을 방문 할까요?

Final Test 01

1 ②
나는 매일 아침 사과 두 개를 먹는다.

2 ③
그녀는 우산 한 개를 갖고 있다.

3 ④
그들은 도서관에 있다.

4 ④
탁자 위에 파리가 한 마리 있다.

5 ②
우리 아빠는 일찍 온다.

6 ③
개가 있나요? 아니요.

7 ④
그녀는 간호사 인가요?

8 **I drink milk every day.**
나는 매일 우유를 마셔요.

9 **There are many trees in the park.**
공원에는 많은 나무가 있어요.

10 **She washes the dishes.**
그녀는 설거지를 해요.

11 **Tom and Sally are not students.**
Tom과 Sally는 학생이 아네요.

12 **Do you play baseball?**
당신은 야구를 하나요?

Final Test 02

1 ①
그녀는 피아노를 칠 수 있나요?

2 ④
그녀는 내일 파티를 열 거예요.

3 ①
당신은 서둘러야 해요.

4 ④
너는 지금 숙제를 끝내야 해.

5 ④
당신은 패스트푸드를 너무 많이 먹어선 안 돼요.

6 ②
주문 하시겠습니까? 네, 그럴게요.

7 ②
파티를 열 건가요? 네, 그럴 거예요.

8 **You should not climb a tree.**
나무에 올라서는 안 된다.

9 **He must not chew gum in class.**
수업 중에 껌을 씹어서는 안 된다.

10 **He can't close the window.**
그는 창문을 닫을 수 없다.

11 **Can I have lunch with you?**
내가 당신과 점심을 먹을 수 있을까요?

12 **Jen doesn't have to go home.**
Jen은 집에 갈 필요가 없다.

서술형 문장 쓰기 대비 노트

Grammar Rule 01 단수명사/복수명사

1. an elephant
2. a duck
3. a yellow coat
4. many robots
5. three octopuses

Grammar Rule 02 여러 가지 형태의 복수명사

1. some babies
2. candies
3. five wolves
4. three dresses
5. two cherries

Grammar Rule 03 셀 수 없는 명사

1. drink milk
2. need sugar
3. is cheese
4. eats rice
5. like butter

Grammar Rule 04 주격 인칭대명사

1. She
2. I
3. He
4. We
5. They

Grammar Rule 05 목적격 인칭대명사

1. loves me
2. find them
3. knows you
4. miss her
5. helps her

Grammar Rule 06 지시대명사

1. This is
2. That is
3. They are
4. Those are
5. These are

Grammar Rule 07 소유격

1. his cat
2. my violin
3. their cakes
4. Her dress
5. Her fish

Grammar Rule 08 소유대명사

1. is hers
2. is mine
3. is yours
4. are ours
5. are his

서술형 문장 쓰기 대비 노트

Grammar Rule 09 부정관사/정관사

1. the sun
2. an umbrella
3. an egg
4. the moon
5. a girl

Grammar Rule 10 be동사 현재형

1. is at home
2. is kind
3. are friends
4. am tall
5. is soft

Grammar Rule 11 be동사 부정문

1. am not
2. is not
3. is not
4. is not
5. are not

Grammar Rule 12 be동사 의문문

1. Are you
2. Is she
3. Is it
4. Is it
5. Is Amy

Grammar Rule 13 There is~ / There are~

1. There is
2. There are
3. There is
4. There are
5. There is

Grammar Rule 14 일반동사 현재형

1. I like
2. He lives
3. They swim
4. We eat
5. It jumps

Grammar Rule 15 일반동사 현재형의 3인칭 단수형

1. She comes
2. He carries
3. My sister studies
4. I wash
5. The cat climbs

Grammar Rule 16 일반동사 부정문

1. I don't
2. He doesn't
3. It doesn't
4. We don't
5. She doesn't

서술형 문장 쓰기 대비 노트

Grammar Rule 17 일반동사 의문문

1. Do you
2. Does she
3. Does it
4. Do you
5. Do they

Grammar Rule 18 조동사 can

1. can play
2. can speak
3. can go home
4. can eat
5. can ride

Grammar Rule 19 조동사 can 부정문

1. can't run
2. can't watch
3. can't fly
4. can't play
5. can't close

Grammar Rule 20 조동사 can 의문문

1. Can he
2. Can she
3. Can you
4. Can I
5. Can they

Grammar Rule 21 조동사 may

1. may watch
2. may be
3. may come
4. may leave
5. may sleep

Grammar Rule 22 조동사 may 부정문

1. may not go
2. may not sit
3. may not be
4. may not leave
5. may not dance

Grammar Rule 23 조동사 may 의문문

1. May I
2. May I
3. May I
4. May I
5. May I

Grammar Rule 24 조동사 must

1. must be
2. must help
3. must study
4. must play
5. must be

서술형 문장 쓰기 대비 노트

Grammar Rule 25 · 조동사 must 부정문

1. not talk
2. must not
3. not make
4. not tell
5. not sleep

Grammar Rule 26 · have to

1. have to
2. to call
3. to study
4. has to
5. to be

Grammar Rule 27 · 조동사 should

1. I should
2. You should
3. He should
4. She should
5. They should

Grammar Rule 28 · 조동사 should 부정문

1. He should not
2. We should not
3. You should not
4. She should not
5. You should not

Grammar Rule 29 · 조동사 should 의문문

1. Should you
2. Should he
3. Should she
4. Should we
5. Should they

Grammar Rule 30 · 조동사 will

1. I will
2. You will
3. He will
4. We will
5. They will

Grammar Rule 31 · 조동사 will 부정문

1. It will not
2. She will not
3. We will not
4. He will not
5. They will not

Grammar Rule 32 · 조동사 will 의문문

1. Will you
2. Will he
3. Will she
4. Will it
5. Will they

MEMO